姓名學入門

每個人都該懂一點姓名學

司馬大明

5 10 3 8

天格 15　人格 13　地格 11　外格 13

林煒能◎著

序文

人類與地球上的所有生物共存於這個星球上，只因人類的外型與腦部的獨特構造，而得以發展成一個具有高度智慧的物種，也因此而演化成一個具有高度社會共存性的生活。人類為了維持這個共存社會的延續性與發展性，而創造出了語言與文字，並將周遭生活上的任何事物都賦予一個名稱，人類當然也是不例外，以便於個別物體性的辨別、使用及其代表性。

人類既將地球上所有的物種都賦予一個名稱，故嚴格說來一個名稱對一個物種而言，僅是具有能夠辨別其稱謂而已，並不再具有任何其它的意義與影響力，而這種通則的適用對人類而言，應該也是一體適用而不分軒輊。

現今我們僅就人類這個物種來論述。人類同地球上的所有生物一樣，都是逐步演化而來，也因此而演變成目前的亞、歐、非、澳等四大區塊的人種，而這四大區塊上的人種又因居住地上的區隔再次細分為不同的種族，每一個種族因其彼此間居住環境的不一樣而獨自發展出屬於其自己的語言與文字。這其中因各種族的不同，因此對代表人類自己個別的身分與稱謂，也各有其不同的表達方式；然而表達方式雖不同，但一樣都是以文字書寫之方式來代表一個人的身分與稱謂，而這種以文字表示一個人的身分與稱謂，我們就稱之為「姓名」。

人類因種族的不一樣，因此各自發展出來的文字也是不一樣的，所以各個種族之間的「姓名」也會呈現出截然不同的表現方式，因此這個代表個人符號的「姓名」，它的作用應該只是在做為一個人身分的辨別之用而已，不應該再有其它的影響力才對。

然而曾幾何時，人類卻將這個代表人類身分辨別符號的「姓名」，無限擴展到會影響到一個人一生的事業、金錢、生命、婚姻…等各方面的吉凶好壞之情形，並且引用一些人的姓名及其發生的事情來做為佐證，甚且將此「姓名」會影響人一生吉凶好壞的情形歸納為一門學問，這就是我們目前所說的「姓名學」。

有關「姓名學」的論述，我們不談其它國家的情形，單就台灣目前的情形來分析與論述。目前台灣有關「姓名學」的起源大都說是在民國二十五年的時候由一位留學日本的留學生白惠文（原名白玉光），從日本引進其師熊崎健翁所著之「熊崎氏姓名學之神秘」、「姓名學之奧秘」、「姓名之命運學」等書為根基，隨後在民國80年代逐漸在台灣風行起來。

「姓名學」所論述的內容大抵為：筆劃數與五行之關係、筆劃八十一數之靈動數、天地人三才配置之吉凶、名字各個字之五行屬性等的項目。

本書將就目前市面上所有有關「姓名學」之著作，為一綜合性的收集與分析，並以淺顯易懂的文字敘述，有系統的編寫成冊，以期能給予讀者對「姓名學」有一個客觀且理性的認知，而不致產生人云亦云的情形。

寫於筆者高雄工作室

詩念表心集薰內冗
意莫儀階明左縣聚
隆靜澄邑洛苍京觀學
篤時榮家初基棠仕邊
溫墬松映寶墬禍清興
嚴深臨若思懷傳宜慕
廣迆潔良惟子行業賢
得使從綵景名德行隸
情念表心集薰內冗東
意莫儀階明左縣聚學
隆靜澄邑洛苍京觀仕邊
誠篤時榮家初基棠清優
忠溫墬松映寶墬禍清宜
蘭嚴深臨若思懷傳僵宜

一、五行之基本概念

所謂五行者，乃是指春夏秋冬之氣候，流行於天地之間、循環不斷的一種氣場，因此稱之為五行，也就是我們常說的金、木、水、火、土（其實學理上正確的唸法應該為木、火、土、金、水）。

北方陰極而生寒凍，寒凍則生水；南方陽極而生高熱，高熱則生火；東方陽氣散泄而生風，風動則生木；西方陰氣止息內斂而乾燥，乾燥則生金；中央之地陰陽交媾而溫潤，溫潤則生土。五行彼此之間，其相生也所以相維繫、其相剋也所以相制衡，以維持循環不息的關係，因此：

五行的方位：東方屬木、南方屬火、西方屬金、北方屬水、中央屬土。

五行的顏色：東方木為綠色、南方火為紅色、西方金為白色、北方水為黑色及藍色、中央土為黃色。

五行的相生：木生火、火生土、土生金、金生水、水生木（理解技巧：木材經引燃就生火；木材經火燒光而成灰燼、土壤；土壤中含有金屬礦物；以金屬器具挖掘水源；以水去灌溉花木，使其生長）。

五行的相剋：木剋土、土剋水、水剋火、火剋金、金剋木。（理解技巧：花木之根能夠穿透土壤；土壤、堤防可以阻擋水的流勢；水能夠澆熄燃燒之火；燃燒火可以熔化金屬器物；刀斧能夠砍伐花木。）

二、姓名學五格之構成

姓名學五格乃是在姓氏上面加一個數字「1」的筆劃數（又稱為假1），若為單名的話，則又在名字下面增加一個「1」的筆劃數，並以此「1」的筆劃數與姓氏、名字本身的筆劃數相加後而區分為五個部分，也就是所稱的五格，這五格則分別是天格、人格、地格、外格、總格，而構成這五格的姓名類型則又可分為單姓複名、複姓複名、複姓單名、單姓單名，詳後例：

例一、單姓複名：

字	筆劃數	格
假1	1	天格 5（假1＋王）
王	4	人格 7（王＋大）
大	3	地格 11（大＋明）
明	8	

外格 9

總格 15（◎不包含「假1」的筆劃數。）

例二、複姓複名：

天格 人格 地格

字	筆劃	格
司	5	天格 15（司 5 + 馬 10）
馬	10	人格 13（馬 10 + 大 3）
大	3	地格 11（大 3 + 明 8）
明	8	外格 13（司 5 + 明 8）

總格 26（◎不包含「假1」的筆劃數。）

例三、單姓單名：

天格 人格 地格

字	筆劃	格
假1	1	天格 12（假1 + 張 11）
張	11	人格 20（張 11 + 飛 9）
飛	9	地格 10（飛 9 + 假1）
假1		外格 10

總格 20（◎不包含「假1」的筆劃數。）

例四、複姓單名：

字	筆劃	五格
司	5	天格 15（司5＋馬10）
馬	10	人格 18（馬10＋明8）
明	8	地格 9（明8＋假1）
假	1	外格 6（司5＋假1）

總格 23（◎不包含「假1」的筆劃數。）

由右四例可知，五格的構成乃是以筆劃數相加而得出，今分述如後：

1、天格：可分為單姓與複姓：

◎單姓之天格：在姓氏上面加上數字1（又稱為假1），然後將此1數與姓氏的筆劃數相加後所得之數即為天格之數，如例一「王」姓之筆劃數為4，加上假1之後所得之數為5，則「5」即為天格之數。

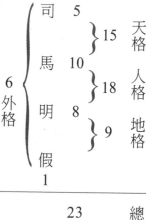

◎複姓之天格：則是直接將複姓二字的筆劃數相加後所得之數即為天格之數，如例二「司」之筆劃數為5、「馬」之筆劃數為10，將司馬複姓兩個筆劃數相加所得之數為15，則「15」即為天格之數。

2、人格：同樣分為單姓與複姓：

◎單姓之人格：將姓氏的筆劃數與名字第一個字的筆劃數相加後，所得之數即為人格之數，如例一「王」姓之筆劃數為4、第一個名字「大」之筆劃數為3，此時將這個字的筆劃數相加後所得之數為7，則「7」即為人格之數。

◎複姓之人格：將複姓第二個字的筆劃數與名字第一個字的筆劃數相加後，所得之數即為人格之數，如例二「馬」之筆劃數為10、「大」之筆劃數為3，將這兩個字的筆劃數相加後所得之數為13，則「13」即為人格之數。

3、**地格：**分為複名與單名：

◎**複名之地格：**將兩個名字的筆劃數相加後，所得之數即為地格之數，如例二的名字為「大明」之複名，其中第一個「大」之筆劃數為3、第二個名字「明」之筆劃數為8，則兩這個字筆劃數相加後所得之數為11，則「11」即為地格之數。

◎**單名之地格：**此時先要在名字的下面再加上假1之數，然後將名字的筆劃數與假1的筆劃數相加，所得之數即為地格之數，如例三「飛」之筆劃數為9，與假1的筆劃數相加後所得之數為10，則「10」即為地格之數；同理，例四「明」之筆劃數為8，與假1的筆劃數相加後所得之數為9，則「9」即為地格之數。

4、外格：分為單姓與複姓：

◎單姓之外格：有複名與單名之分。

1.複名之外格：在姓氏上面加上假1，將假1與名字最後一個字的筆劃數相加後，所得之數即為外格之數，如例一最後一個名字「明」之筆劃數為8，與假1相加後所得之數為9，則「9」即為外格之數。

2.單名之外格：此時分別要在姓氏上面與名字的下面各自加上假1之數，然後將此兩個假1的筆劃數相加後，所得之數即為外格之數，如例三兩個假1的筆劃數相加後，所得之數為2，則「2」即為外格之數。

◎**複姓之外格**：有複名與單名之分。

1.複名之外格：將姓氏第一個字與名字最後一個字的筆劃數相加後，所得之數即為外格之數，如例二「司」之筆劃數為5、「明」之筆劃數為8，將這兩個字的筆劃數相加後所得之數為13，則「13」即為外格之數。

2.單名之外格：此時先要在名字的下面再加假1之數，然後將姓氏第一個字與假1的筆劃數相加後，所得之數即為外格之數，如例四「司」之筆劃數為5，與假1的筆劃數相加後所得之數為6，則「6」即為外格之數。

5、總格：

此時不管姓氏為單姓或複姓，也不管名字為單名或複名，只要將所有姓、名的筆劃數相加後所得之數，即為總格之數，唯總格之數則是不包括「假1」之數在內。如例一總格之數為15、例二總格之數為26、例三總格之數為20、例四總格之數為23等，即是。

又以前的習俗乃是女孩子出嫁後，大抵都會冠上夫姓，因此若為冠上夫姓的姓氏，則一律以複姓之姓氏論之，並依複姓之方法去求得五格的構成要件。

東學優與樂慕陰毅東學優
聚觀任清宜葉行競聚觀任清宜
輝京棠福傳行德內輝京棠福傳
蕙左堂基歷懷寺名蕙左堂基歷懷
集明洛初寶思惟景集明洛初寶思
心階邑美映若良絲心階邑美映若
懷儀滿學松臨潔維懷儀滿學松臨
念篆靜所盛深趣彼念篆靜所盛深
詩意陸集溫藏之廣得詩意陸集溫藏
子匡遠誠志蘭共與子匡遠誠志蘭

三、姓名學五格的涵義

由前述可知，任何的姓名，不管其為單姓、複姓，或是單名、複名，不管其為男性、女性，一個人的名字都可以產生姓名學之五格。

例：五格之年限管轄運：

18～36歲（主運、成功運）　1歲～17歲（前運、基礎運）　55歲以後到終老（總運、晚年運）

天格　人格　地格

12（假1＋張11）
20（張11＋怡9）
24（怡9＋萱15）

假 1
張 11
怡 9
萱 15

35：濕土

16 外格（副運、中年運、社交運）

37歲～54歲

姓名學之五格由於其構成要件的不同，而有其不同的所在位置，也因此各自有其意義、功能與作用，也就是說五格因其所在位置的不同、管轄年限的不同、代表一生運勢時期的不同，對人一生的影響時期也會有其不同的差異性及重要性，詳後述。

1、天格：

1、其主體性乃是一個人的姓氏，而這姓氏則是由父親、祖父、祖先……等血脈流傳而來，其所代表的僅是祖先血緣關係的一脈傳承而已，因此這個天格筆劃數的數理對一個人並不會產生任何的吉凶好壞之影響。

2、天格代表著祖先、父母、長輩、伯叔輩、上司、公司主管、服務之機關…等為己身之長輩、上司等之意。

3、天格本身雖不具有任何吉凶之力，但因它緊臨人格之上，因此它對人格之影響一個人成功與否，具有絕對的密切關係與影響力。

2、人格：

1、其主體性是由姓氏與名字第一個字所構成，乃是姓名學的中心點、靈魂、精華之所在，所以又稱之為「主運」、「成功運」。是判斷一個人姓名好壞的主要著手處，由此而得以逐漸審視、發現一個人的中心命運，管限期間為18歲到36歲之間運勢的吉凶否泰。

2、人格代表著一個人的中心命運、性格、才藝、學業、能力、體質、就業環境、一生際遇及事業成就等。

3、地格：

1、其主體性乃是所有名字筆劃數的總合，位在人格之下方，又稱之為「前運」、「基礎運」，是判斷一個人出生或家庭狀況的根據處，關係著一個人一生的命運甚大，管限期間為出生的1歲到17歲之間運勢的吉凶否泰。

2、地格除了代表著一個人的出生及家庭狀況外，也代表著早年的求學運、晚輩、後進、子女、子孫、部屬、財物、所擁有的東西等。

4、外格：

1、其主體性乃是假1與名字最後一個字筆劃的相加之數，亦或是上下兩個假1相加的筆劃數，又稱之為「副運」、「中年運」、「社交運」，管限期間為37歲到54歲之間運勢的吉凶否泰。

2、外格代表著中年以後的家族親密關係與否、家人間的和諧關係與否、人際關係、社交活動、朋友、兄弟姐妹，以及事業上的同事、競爭對手、合夥人等。

5、總格：

1、其主體性乃是姓與名字筆劃數相加總合之數，但不包括假1之數，又稱之為「總運」、「晚年運」、「成果運」，管限期間為55歲以後至終老之時的吉凶否泰。

2、總格代表著中晚運以後人生、事業的成功、失敗及守成與否等，故可說是一生成就及享受與否的驗收期。

3、總格既然又稱為總運，因此對人一生之運勢必然具有絕對性、總結性的影響力，因此在論斷地格、人格及外格之筆劃數數理吉凶後，乃須以總格之筆劃數為一生運勢吉凶與否之依據，如此不僅能反應出中晚運運勢之吉凶與否，也能對一生運勢吉凶與否產生出絕對性的影響力。

念表心集慈肉免溫
莫儀階明左縣聚學
靜海邑洛蒼京觀德
听榮美初墓棠住興
墜松映寶陸禍清樂
深臨若思懷傳實慕
得從綵景名德行賢
啻念表心集慈免聚
意莫儀階明左縣京
隆靜海邑洛蒼京觀
篤听榮美初墓棠住
溫墜松映寶陸禍清
嚴深臨若思懷傳僵

四、五格數理之五行

五行在本書的開宗明義章已說過，就是木、火、土、金、水之意，其中生剋關係乃是：

五行的相生：木生火、火生土、土生金、金生水、水生木（理解技巧：木材經引燃就生火；木材經火燒光而成灰燼、土壤；土壤中含有金屬礦物；以金屬器具挖掘水源；以水去灌溉花木，使其生長）。

五行的相剋：木剋土、土剋水、水剋火、火剋金、金剋木。（理解技巧：花木之根能夠穿透土壤；土壤、堤防可以阻擋水的流勢；水能夠澆熄燃燒之火；燃燒之火可以熔化金屬器物；刀斧能夠砍伐花木。）

至於所謂的五格數理，乃是五格之筆劃數的意思。由於姓名學乃是將五格之筆劃數賦予金、木、水、火、土之五行，並以此五格筆劃數所代表之五行，其彼此間的生剋制化之情形，以及與此人八字命局五行之喜、忌用神為何，而綜合來論斷此五格對此人八字命局吉凶好壞的影響。

五格筆劃數的取用則是以個位數之筆劃數為主，也就是說不管筆劃數僅為1～9的單位數，或是10、11、12……等以上的雙位數，均取其個位數之數字做為五行取用之標準，例如筆劃數為8數的話，就以8數做為五行取用的標準；筆劃數為29劃的話，就以個位數的9數做為五行取用之標準；同理，筆劃數為50數的話，就以個位數的0數做為五行取用之標準。

個位數的筆劃數計有1、2、3、4、5、6、7、8、9、0等十個數，而五行則為木、火、土、金、水等五個數，因此筆劃數與五行彼此間的代表關係則為：

1、以筆劃數個位數的1、2為五行「木」的代表。木屬東方，季節為春天，顏色為綠色。

2、以筆劃數個位數的3、4為五行「火」的代表。火屬南方，季節為夏天，顏色為紅色。

3、以筆劃數個位數的5、6為五行「土」的代表。土屬中央，季節為立春、立夏、立秋、立冬前約18日之內，顏色為黃色。

4、以筆劃數個位數的7、8為五行「金」的代表。金屬西方，季節為秋天，顏色為白色。

5、以筆劃數個位數的9、0為五行「水」的代表。水屬北方，季節為冬天，顏色為黑色、藍色。

這其中木、火為溫暖性的象徵，金、水為寒冷性的象徵，而土之五行又分為濕土與燥土。至於濕土或燥土的分別，則看人、地、總格三格（不包含天格及外格）中的五行是金、水較多，還是木、火較多而為濕土或燥土之分。例如人格為7、8劃的金，地格為9、0劃的水，而總格為5、6劃的土，則總格五行之土即為濕土的屬性；同理，人格為1、2劃的木，地格為3、4劃的火，而總格為5、6劃的土，則總格五行之土即為燥土的屬性。

又此人、地、總格之五行，只要見金、水、土之五行的話，則土之五行即以濕土論之；見木、火、土之五行的話，則土之五行即以燥土論之；並不須限於總格須為土之五行，才有濕土或燥土之分。

例一、濕土：

人格　地格　總格（不包含天格及外格筆劃數。）

19：水　27：金

8　11　16

周　珮　臻

35：濕土

例二、燥土：

姓名	筆劃	五格
劉	15	人格 24：火（15+9）
炳	9	地格 16：燥土（9+7）
宏	7	
		總格 31：木（不包含天格及外格筆劃數。）

◎就筆者而言，姓名學上所增加的「假1」之數，是頗為荒謬的一件事，因此筆者在幫客戶的「新生嬰兒」或「新成立之公司」取名字時，都不會將「假1」這個數字列上，也就是說取消外格這個用法，並將地格的管轄年限從初生1歲延伸到27歲，將人格的管轄年限從28歲延伸到54歲，至於總格則一樣管轄55歲以後到終老之運。

◎總格雖說是管終老之運，但對一生的生活否泰、事業成敗等，也具有決定性的影響力。

◎因筆者完全不認為姓名學對人的一生運勢會產生任何吉凶否泰之影響力，因此筆者常會告知已出社會之客戶，除非是本身的名字真的難聽、不雅，否則不要再花冤枉錢去改甚麼名字，因為那是花錢又消不了災的行為。最重要的是認清自身八字命局的架構，然後再從平時行善積德、為陽宅堪輿、方位取用、顏色選用、物品擇用等，日積月累的為後天人為之改造，這才是根本「改造」命運之方式。

五、筆劃八十一靈動數之吉凶含意

姓名學的論述重點除了人格、地格、總格之五行與八字命理五行喜、忌用神須相符之外，最重要的則是在於總格筆劃數所蘊含的吉凶象意，而這筆劃數的吉凶象意就是姓名學所稱的「靈動數」之意。

由於易經卦理的數字是從1到9，因此姓名學的筆劃數即以此為依據而為倍數相乘的延伸，因而得出總數為81劃的筆劃數，也就是說81劃的筆劃數是姓名學筆劃數的極限，而第81劃又為還原之數，故筆劃數若是超過81劃的話，則將此筆劃數減去80劃，所剩下的筆劃數即為該姓名筆劃數的靈動數，例如筆劃數為93劃，將93減去80後剩下13的筆劃數，則13即為此姓名的靈動數代表。

靈動數既是姓名學筆劃數吉凶象意的表徵，而1到81劃的筆劃數也各有其吉凶象意的代表，今就各筆劃數的吉凶象意分述如後，其中筆劃數上的符號：○，主吉；△，主平；X，主凶。

○ 筆劃一劃之靈動數：

一元開泰、萬物復始之象，為天清地明、萬物創始與開基的吉象，代表著富貴、長壽及繁榮、昌盛的大吉數。宜靜不宜動，宜以溫和、平穩的方式，在安定中求發展與進步，如此才可喜獲機運而得以如旭日東昇般的開創出一番傲人的成功事業，並得以享受富貴榮華、健康長壽的人生。

X 筆劃二劃之靈動數：

為大凶之數，乃是天地混沌未開、天地人三才未分之象。常見內外波瀾橫出、枝節叢生之事生，有如浮萍之飄流不定而無獨立、穩固之象。凡事進退失據、欠缺決斷力與魄力，遇事常見阻擾而導致有志難伸、焦躁不安的困境。為一多遭苦難、破敗、變動、遷徙、體弱、病痛、短命、夭折、徒勞無功的大凶數。

○ 筆劃三劃之靈動數：

為一樂觀、積極進取之吉數。有著陰陽調合、天地人之萬事萬物成形確定之象，乃福祿壽俱全、富貴名利俱備、凡事進取如意的表徵。與生具有天資聰明、智慧，憑藉其寬闊的心胸、過人的領導能力，而得以建立一個名揚四海、成功發達的大事業。為一多子多孫、心寬體胖、諸事順遂如意、富貴併享的大吉數。

X 筆劃四劃之靈動數：

為萬物枯萎、衰竭之象，係一精神黯淡不明、凶變的大凶數。遇事困難、阻礙多見，常見凶禍、危機四伏，以致常引發人禍、凶災等自我滅亡之事生。為一破敗、滅絕、殘缺、困頓、蹇滯、病弱、發狂、放蕩、夭折的大凶數。本人唯有奮發圖強、積極努力向上，才得以造就出一個孝子、烈士、貞婦、怪傑、大英雄、大人物之機運。

○ 筆劃五劃之靈動數：

有著陰陽交泰、萬事和合之象。為一象徵著家庭和順、事業榮昌、諸事如意及身體健康之大吉數。為人溫文儒雅、行善積德、樂善好施，多得長輩的關愛與照顧，也能獲得一般大眾的敬仰與欽佩。不管是光宗耀祖的發揚家業，亦或是外出獨力的開創事業，都能夠有富貴榮達、一舉成名的收獲，為福德至吉、安康長壽的極致表現。

○ 筆劃六劃之靈動數：

洪福齊天、福若天賜，有萬寶吉祥同聚一處、福自天上來的喜慶，因而得以興家立業，一生安享富裕、家門吉慶之福。唯宜戒慎恐懼，以免因過盈而溢出、意志不堅而樂極生悲，以致無法享受到這大富大貴的吉福。因此應多為修身養性、謙虛為懷，多培養柔德懷人之性，如此一生的福德才得穩固與深遠，本人終身也得安享餘慶。

○ 筆劃七劃之靈動數：

具有天賦的聰明與智慧，遇事時能夠展現出剛毅、果決的魄力與決斷力，常在無意之中表現出領袖的威權與勝利的態勢。但也因此而容易陷於剛愎自用，情緒性行為、獨斷獨行、頑固不化，其結果是缺乏包容性與協調性，以致招惹阻逆與挫敗。所以宜多培養謙虛為懷、剛柔並濟的德行，如此方可展現出一個真正領袖的風範。女性多半不適合使用此數，以免有流於男性化的傾向。

○ 筆劃八劃之靈動數：

意志堅定、剛強穩健、耐力強韌，凡事能秉持其堅忍不拔、克盡職守的精神，去完成使命、達成目標，到最後終因能貫徹意志、排除萬難的成就一番豐功偉業。就事情之處理，則應以循序漸進的方式去實行，切忌操之過急、患得患失，以免因而招致挫折、破敗的窘境。

X 筆劃九劃之靈動數：

為物極必反、由興盛轉衰敗之象。雖具有天賦的才華與智慧，但常因不得志、不逢時運，以致心生不平、不滿，就事情之處理常陷於不穩定、多成多敗的處境，到最後終而走上災厄困頓、凶禍橫生、阻逆不順、官司損財、病痛夭折、喪偶、無子嗣、親人失怙等窮途末路之絕地。唯此數若是三才配置得宜的話，也能造就出一代英雄、怪傑、烈士、貞婦、富豪之人物。

X 筆劃十劃之靈動數：

乃萬事、萬物收藏、歸結之象，大地呈現出一片瑟縮、凋殘之情景。此數的凶惡更甚於其他之數，多產生敗家、破業、蕩產、貧困、病痛、夭折的情形。一生嚐盡人生的苦楚辛酸，毫無前途事業可言，擺在人生路途前面的盡是一片灰濛、黯淡的景象，很難以尋覓出光明前途之路線，終而導致五窮六途之絕境。為一凶災不斷、孤獨無依、短命夭壽、境遇淒涼的大凶數。若是能夠加倍努力、積極奮鬥的進取，也可能會有一、二人能脫離此凶數之詛咒而得以絕處逢生，成就一番事業。

○ 筆劃十一劃之靈動數：

陰陽復始、萬物甦泰，一片欣欣向榮之象，故有得天獨厚的優越稟賦及博才多能的條件，以穩健踏實的處事方式而循序漸進的去開創事業，其結果必定能廣獲眾人之助力而得以建立廣厚的事業，並進而享受富貴、榮昌之福份，為一得以重建家運、家業的大吉數。

X 筆劃十二劃之靈動數：

為屈而不能伸之凶象。處事常有三心二意、意志薄弱而無法堅定信心、下定魄力的情形，一生無法安守本份，常想要插手、經營與本身不相干、或力有未逮之事情，以致遭逢失敗、一事無成。在中年以後則須更為謹慎行事，否則容易陷於沉淪困逆之境、孤苦貧窮之狀，也容易有多病體弱、早夭不壽、家族稀薄之凶象。因此凡事務宜安守本份、心性節制，如此也有可能發生絕處逢生之吉象。

○ 筆劃十三劃之靈動數：

博學多才、多藝多能。為人富智謀奇略、反應靈巧，行事常見以柔克剛、以退為進，外表不會顯現出喜怒哀樂之情，內在也多能堅定意志、強於忍耐，憑藉著過人的智慧與才能，一心一意將事情處理得盡善盡美，到最後終能得人望、獲大功的成就一番大事業，也因而能夠享受榮華富貴之福份。唯在事業成就之後，絕對要多為內斂心性之修為，不可表現出自負、任性的行事作為，如此才得以永久享受榮貴之福。

X 筆劃十四劃之靈動數：

破敗沉淪之象。主家族、六親緣薄，幼小失怙、失恃，孤獨無子、兄弟姐妹離散且不得天倫之樂。事事不如意、遭受挫敗，有如沉下水底而不見天日之石頭，一生多見困厄、災難、凶死、夭折、辛酸、艱難、退敗、勞而無功等灰暗、無色的人生境遇。唯若能秉持堅忍不拔、堅毅不屈的精神，積極奮力的突破萬難，也有可能造就出一代怪傑、英雄之大功大業的機運。

○筆劃十五劃之靈動數：

為福祿壽俱全、無上榮幸、幸福圓滿的大吉數。為人處事溫和、謙恭有禮、慈善仁愛、有德有信，一生多見貴人、長輩之助力及上司的提拔，也多受眾人的敬仰與愛戴，因而得以安身立命的成就大功勞、大事業，並得以享受富貴榮顯及子孫昌榮之福。在事業成就之後，應多為積德行善之舉，以免晚年時因福氣享盡、得意忘形，反成不利之象。

○筆劃十六劃之靈動數：

天生具有領袖、首領的風範，為人領導能力好，處事講義理、重原則，故而多得眾人的欽佩、服從與愛戴。集名望於一身，有雅量、一生多見貴人之助力，凡事多見逢凶化吉，並進而化危機為轉機的開創一番大事業、建立大功勞、獲得大勝利，而得以享受富貴榮達之福。此數最忌諱心性傲慢的態度。

○筆劃十七劃之靈動數：

具有倔強不屈、擇善固執的脾氣，凡事都能憑其堅毅剛強、突破萬難的精神而得以建功立業。唯因威權在望、固執己見，因而容易顯現出燥怒的脾氣，且缺乏包容性與協調性，所以比較容易樹敵且招惹是非而失敗。因此若能多為修身養件、培植謙沖為懷之柔德，則到最後必可獲至事業上的大成就。此數因較偏於剛強之特性，故女性較不適宜使用，易流於男性的剛毅性情；若真使用的話，一樣需要多培養女性之柔德，方為有福。

○筆劃十八劃之靈動數：

為有權謀、威望與勢力之吉數。一生為人處事有守有節，事事計畫周詳並且秉持著其堅毅不撓、克服萬難的精神，所有擺在眼前之難事無一不是無堅不摧，到最後終於是皇天不負苦心人的有志者事竟成的成大功、立大業。唯本人恐因過於重視面子、過於剛毅逞強，以致欠缺包容性、協調性，無法接受忠言逆耳之建言，故反而容易招致挫敗。所以凡事宜三思而後行、謹慎從事，並宜多培養謙沖為懷的柔德。

X 筆劃十九劃之靈動數：

為良馬不得伯樂知遇之凶數。雖說天生賦予聰穎的資質與智慧，也有著多才華、技藝的本能，在事業上也具有成就大功、大業的能力，然而一生卻是生不逢時、不得運助，在人生創業的過程中多逢阻滯困頓、災禍橫生，內在人事上不僅內外不和，外在事業上也不得貴人、長輩的助力，到結果常見功敗垂成、徒勞無功的以破財敗業收場。此外，在創業的過程中也常伴隨著刑罰、傷害、鰥寡、孤獨、夭折、不壽、妻離子散等的厄運發生。

X 筆劃二十劃之靈動數：

為破敗、夭壽之凶數。一生常見折磨受苦、事事難以順遂如意，災難常見一波未平、一波又起，前途可說是困難重重、災禍瀕臨。不僅事業難成，也多見家族沒落、衰敗、親屬緣薄、婚姻破敗、喪偶、子女不幸、妻離子散、生計難繼等衰亡滅絕的困境。此數唯有不屈不撓、剛毅堅忍，並努力奮鬥不懈的去克服萬難，如此方有絕處逢生的機運。

○ 筆劃二十一劃之靈動數：

為含苞待放、富貴榮顯之首領數。大地呈現欣欣向榮、朝氣蓬勃之象，具有獨立之威權、超群的領導才能，凡事多能堅忍不拔、按部就班的去克盡職守、開創事業，到最後終能廣獲眾望與敬仰，而得以興家立業及建立一番成功發達的事業，並得安享福祿壽綿的榮顯之福。此數為首領數，女性較不宜使用，以免會有夫妻不和，或對先生產生負面的影響。（以今日之社會觀之，使用此數之女性，也可以女強人視之。）

X 筆劃二十二劃之靈動數：

凡事多見阻滯困厄、難以順遂如意，前途橫亙著困難重重、多災多難的困境，以致求助無門、進退不得，到最後終而以破財、敗業收場。晚景常見體弱多病、衰敗凋零，猶如秋草逢霜、屋漏偏逢連夜雨般的淒涼無助。

○ 筆劃二十三劃之靈動數：

為富貴沖天之首領數。其勢壯麗、其情豪邁，縱使出生於貧窮之家，也能憑一己之力的去克服萬難而逐步漸進的功成名就，宛如旭日東昇、壯麗輝煌，大地一片光明燦爛、欣欣向榮之象。主開闊明朗、豪爽積極、樂觀進取、生機蓬勃、敏捷銳利，為一榮昌顯達之大吉數。此數同二十一劃都為首領之數，因此女性較不宜使用此數，以免有夫妻不和、對先生事業或身體產生不利的影響。以今日之社會觀之，使用此數之女性，同樣也可以女強人視之。

○筆劃二十四劃之靈動數：

溫和馴良，才略智謀超群。縱使偶而碰到艱辛困難的境遇，也是人生之常態而在所難免；一生只要能秉持勤儉持家、白手立業之精神，也必能在事業上克服困難的達成願望，並而獲得功成名就的非凡事業。為一優越的幕僚、企劃與參謀之人才，擅於提出新創意、新企劃，也擅於開源節流而賺大錢，故能得榮華富貴、財源廣進及家門喜慶多吉昌的福報。

○筆劃二十五劃之靈動數：

聰明、機伶、辯才無礙、天資敏銳，有奇特才能且行事充滿自信與自負的行為表現，故而能成就大功勞、大事業。唯言語較為尖銳，易失於恃才傲物之性及欠缺協調性，以致於會有欠人和而易招惹是非、挫敗之情形；所以要多為修身養性、講信修睦、謙沖為懷等德行的培養，如此必定會因口才之辯捷而更為獲得眾人的讚賞。

X 筆劃二十六劃之靈動數：

雖然天賦稟性聰穎智慧、反應機靈敏捷，天生也有著行俠仗義、慷慨豪爽的個性，但一生卻是起伏不定、變化多端，擺在眼前的盡是重重的艱難困苦之事、複雜萬端的剝削之事，可說是一波未停、一波又起的風波不斷，前途處處充滿著動蕩不安、波滔洶湧的危險之景況。這是一個易導致家破人亡、失業敗財、孤苦無依、短命不壽、妻離子散、家族凋零、男盜女娼、淫蕩沉淪的大凶數。雖說只要能克服萬難、積極進取的努力奮鬥，也能造就出一代偉人、英雄或豪傑等人物，但還是以勿嘗試、勿使用為宜。

△ 筆劃二十七劃之靈動數：

為一吉凶參半、中吉之數。主一生多成多敗、吉凶起伏不定、興盛衰敗難測之象。雖然中、早運之前全憑己力去開創事業而得以有著早發跡、早成功的事業；但在功成名就之後，會因過於自負與自信、固執剛強，欠缺圓融性與協調性，而遭受誹謗攻擊、非難挫敗，以致辛苦創建起來的事業無法維持到終老，容易在中晚年之後即遭受失敗、結束營運的厄運。因此其不管在事業創建過程中，或是已經功成名就後，都一定要多培養人和之性情、凡事採取圓融的中庸之道，不急進、不傲慢及溫和的待人接物，如此必能化險為夷、化凶為吉、趨吉避凶的將成功之事業長久、永續的經營下去。

X 筆劃二十八劃之靈動數：

人生一切幻滅、破敗。雖有滿腦子的創意與點子，與旺盛、積極的行動力，但卻多見事與願違的阻礙、災禍不斷，到結果終而走上破敗、官訟、家人生離死別、鰥寡、遭仇殺、意外橫死、亡命他鄉等的滅絕之途。女性使用此數者，容易陷於夫妻離異、孤寡等凶災之中。

○ 筆劃二十九劃之靈動數：

乃龍得風雲、虎得雙翼般的吉慶之象。本人智謀俱全、志向遠大，在生活或工作上乃是精力旺盛、活動力強，有著無窮的遠大希望，在事業的開創上將是如龍得雲、如虎添翼般的披荊斬棘、勢如破竹，一生之運勢可說是扶搖直上、諸事順利而得以成就一番傲人的事業。唯須防有過多的貪取、過多的慾望與要求而自阻運勢、弄巧成拙。婦女使用此數，宜防容易流於男性化，及產生猜疑、嫉妒之心。（參考即可，必要時用之也無妨，僅須多培養寬大的心胸即可。）

△筆劃三十劃之靈動數：

吉凶成敗未定，時成時敗、勝敗難分之象。一生中不管生活、求學、就業中，都會出現利弊互見、褒貶並存等半喜半憂、半吉半凶的情形。在行事過程中，若過於大意、欠缺深思熟慮、不見細膩之行為，則很容易的會導致破業敗財、貧困潦倒、孤獨無依、喪偶離異等絕境。然而若積極的進取，則一生中也會有絕處逢生而成就大事業的機運。

○筆劃三十一劃之靈動數：

為人中之龍、智仁勇俱全、高名富貴、如龍昇天的大吉數。一生的聲譽極佳、有威有望，具有強韌的意志力、堅強的信心，行事能深明大義、深體大局，而得以克服困難的建立一番傲人的事業與成就，並得以享受榮華富貴之福。一生中切忌好逸惡勞、得意而忘形。為女性可使用之首領數。

○筆劃三十二之靈動數：

為龍困淺灘、虎落平陽般的時運未濟之象，他日一旦逢遇相助之運，必可際一旦風雲之會般的攀登龍門。因此在平時即應養成踏實誠懇、認真努力、積極進取、重榮譽、講信用、負責任、有擔當等的行事作為，在他日一旦機會來臨時，必得貴人的相助而得以抓住機運、順勢而為的成就一番豐功偉業，且也得以有光宗耀祖、家門昌盛的吉慶。

○筆劃三十三劃之靈動數：

家門榮昌、富貴沖天之首領數。具有文才與武德，行事勇斷與果決，也有著堅定不屈的意志，不管任何的艱辛萬難、險阻困逆，都能逐步的去克服而功成名就，進而獲得名利雙收的吉慶，並得以享榮華富貴之福。此數為較為剛硬、強烈之首領數，為女性較不宜使用之數，用之恐易有孤寡的情形。（以今日之社會觀之，使用此數之女性，也可以女強人視之。）

X筆劃三十四劃之靈動數：

為災禍、劫難層出不窮之大凶數。自小即不得疼愛、失去依怙，終生困苦、艱難與災禍不斷，生活中常見孤苦無依、貧賤窮困、親人疏離、妻亡子絕、殺戮刑傷、精神錯亂、瘋癲發狂、夭壽等的情形；在事業上則是敗業破產、官司纏身、險阻橫梗等的情形。一生可說是處於凶災不斷、孤苦貧賤的窮絕滅途之中。

○ 筆劃三十五劃之靈動數：

為和平、溫和、安祥、和善、恭良之吉數。具有才智、文華與一技之長才。有著內斂、保守的個性，行事嚴謹而有規律，富正義感與同情心，因不忍見到周遭之人的困苦，而常會表現出博愛、慈悲的心性與行為。為女性最為喜用之大吉數；男性雖有消極的傾向，但也不失為富貴之吉數。

X 筆劃三十六劃之靈動數：

前途茫茫、波瀾重重，人生遭遇之困境如波浪疊捲而來、浮沉不定且變化萬端，一波未平一波又起，找不到人生真正的目標在哪裡。為人雖然富有俠義的心腸、英雄的氣概，也有著捨己為人、助人為樂的精神，平常也多見為人排解困難、解決紛爭，然而卻因此而常陷自己於事件的風暴、紛爭之中，此時自己反而無法解決該紛爭的事件而不得安寧，對外也是求助無門，以致一生常見招惹無端之凶災上身。因此務要養成保守、內斂之心性，平時不要強出頭，如此才得以有安寧且平順的人生。

○筆劃三十七劃之靈動數：

天生具有溫厚、忠實、權威、不畏不懼、不屈不撓的個性，為人處事誠懇、正直、有始有終，逢遇艱困之事也都能克服萬難、排除艱困般的去完成使命、達成目標，故一生運勢順暢通達，縱使身處困境，也總能吉人天相助、逢凶化吉。事業上若更能步步為營、按部就班而為，且多注重人和、人際關係的培養，避免有孤僻的傾向，則必可成就一番威權赫赫、富貴顯達的事業而享福。

△筆劃三十八劃之靈動數：

具有藝術創作、才華創意之天分，但常因意志不堅、缺乏耐心，在事情的處理上也因信心不足、恆心與毅力不夠，到最後都見半途而廢的情形，以致無法貫徹在先前所擬定的目標與意志，因此一生難以有成就可言，僅為一平常、庸俗之人而已。所以若能專心一致、堅持到底、全力以赴的去完成使命、達成目標的話，那在與生具有的藝術天分、創作才華上也會有一番傲人的表現與成就。

○筆劃三十九劃之靈動數：

為雲開月現、苦盡甘來之象。在早年之幼運必定歷經勞祿、清苦、波瀾、艱辛的生活，但凡事只要能堅定意志、努力向上進取，黑暗過後必得見光明之大道，最後必可克服萬難，在歷盡一番先苦後甘的滋味後，如倒吃甘蔗般的享受榮華富貴、福祿壽喜之吉慶。為一子孫昌榮、事業繁榮發達的富貴吉數。此數女性勿用為宜。

X 筆劃四十劃之靈動數：

智勇雙全、謀略超群、膽識過人，然而因有傲慢的態度、高傲的行為，以致欠缺圓融個性與人和的德望，因而容易遭受非議與攻擊；另外，在事情的處理、事業的創建中，也有著喜好投機取巧、冒險患難的心性與行為，以期求能達到成功的地步，然而結果卻事與願違，反而會因此而遭受挫折、失敗的後果，且陷自己及周邊之人於苦難、破產、敗業、窮困、家人分離、不壽等的絕境。因此在平常即宜培養謹言慎行、按部就班的行事態度，及謙沖為懷的處世待人之道，如此方可長久的為創業、保身之道。

○ 筆劃四十一劃之靈動數：

膽識、智慧、才氣、能力、德望兼備，為一可得高大聲譽的大吉數。凡事只要一心努力向上、積極進取、不中途而廢，到最後必可開創出一番前途無限、洋洋得意、名揚四海的人生與事業。

△ 筆劃四十二劃之靈動數：

資賦聰明，有著很好的才華、藝術之學習能力，具有藝術創作的能力，為人也有甚為豐富的感情，但因意志較為薄弱、缺乏耐心與信心，在學識的專研與才藝的學習上，因沒有專注研究的精神，也無法有恆心與堅持毅力的學習態度，因此一生難以有令人稱羨的成就可言，只是空具有學習能力而已。基此之故，只要能知道自己的缺點所在及改進之，就才藝的學習能夠專心一致、全力以赴、不中途而廢，並秉持堅持到底的信心與毅力，到最後必能在藝術創作上成就出一番傲人的事業。

X 筆劃四十三劃之靈動數：

為虛飾之數、雨夜之花的景象。本人雖具有才華與能力，也能夠因此而獲致短暫的成功，但因過於喜好玩弄權謀策術，且也無堅定的意志與信念，並也太過於注重外在的驕飾，為一外實內虛的情形，以致遇事必定會粉飾太平，到最後終究會因紙包不住火而東窗事發、自露短處，陷自己於失業、敗財、身家與名譽破敗等的困苦之窘境。因此為人行事絕對要秉持穩重踏實、堅持意志、貫徹信念的心性與行為，而不虛華、不好高騖遠，如此才會有絕處逢生、轉凶為吉的機運。

X　筆劃四十四劃之靈動數：

為一傾家蕩產的凶象，一生多逢挫折、失業、敗財、阻逆、困頓、家族衰微、家庭崩離、人口刑傷、悽慘晦暗等的境遇。在中年雖也可能有發跡、得意之機運，然而僅是如曇花一現而已，在中年末期時事業就會一洩千里般的傾蕩破敗，到晚年的時候，境遇會因此而顯得更為蒼涼、悽慘、愁苦。此數雖凶，但若能多謹言慎行、多為行善積德之舉，也會有造就出一世英雄、豪傑、偉人的機運。

○　筆劃四十五劃之靈動數：

順風揚帆而有沖天、名震天下之勢。一生聲名遠播、名震天下，為人智慮深遠、深讀經綸，在事業或工作上若更能貫徹意志，則必可成就一番傲人的事業。然一生中恐有一次的挫敗之阻逆，此阻逆若能因勢利導的衝破難關、克服萬難，則往後必能享富貴之福而得以名揚四海。

X　筆劃四十六劃之靈動數：

為天羅地網、困惡終生之凶象。一生多見困苦災難、身衰體弱、病痛纏身、孤苦無依、遭受刑傷、受人凌辱、處境艱辛、意志薄弱等的人事際遇，以致走入歧途、終而鋃鐺入獄，而無法獲得成功的事業與幸福的人生。此數若能自立自強、意志堅定，行事多見圓融、多從善如流，平常多為行善積德之行舉，到最後也會有轉凶為吉、絕處逢生等獲至成功的幸運之機會。

◯ 筆劃四十七劃之靈動數：

為衣食豐足之吉象。一生衣祿豐隆、福壽綿長，凡事多見進可取、退可守，可自由自在的游刃於人際事物上而毫無阻礙，在事業上也可與人為合夥事業之經營，並也因而得以成就大事業。為一全家圓滿幸福、子孫富貴滿堂，家運吉祥隆昌、永享天倫之樂的大吉數。

◯ 筆劃四十八劃之靈動數：

智謀、德望俱足，為一軍師、顧問之人才。與生具有才能超群、足智多謀，德高望重、功名富貴的天賦，在事業上多見威權榮顯、聲名顯赫，為一絕佳的軍師、顧問參謀、幕僚、輔佐、企劃人才，及為人師表的富貴雙享的大吉數。唯須防因過於信任他人，以致會有吃虧、上當、受騙損財的情形。

X 筆劃四十九劃之靈動數：

吉中藏凶、凶中藏吉，為一吉凶難分之象。處於吉凶交會點、分歧點之上，行事做為趨於吉利處則吉上加吉、偏於凶禍處則凶上加凶。此吉凶與否、是否遭受災難、幸福或不幸，雖說尚須視天、人、地格三才之配置及一生大運之吉凶而定，但大多難逃失敗、災禍的厄運。

X 筆劃五十劃之靈動數：

速成速敗，為曇花一現之跡象。雖曾一度能攀至榮達之境地，但這僅是一時、短暫的成功與發達，在運過後，又轉瞬間的跌落至破財、敗業、滅亡的困境之中，到最後陷於孤獨、鰥寡、刑傷、悽慘、悲愁、生離死別等瀕於絕處的境遇地。

X 筆劃五十一劃之靈動數：

為盛衰交替之象，為先盛後衰、先成後敗的大凶數。中晚運之前，雖能得天獨厚的享受榮華富貴、名利俱全的生活，但在中晚運以後，則是會遭逢落魄困苦、災厄危難、破家敗業等的窘境。因此在中早運處於順遂之生活時，即應多培養勤儉、謙虛為懷、謹言慎行、溫和待人等的為人處世（事）之道。

○筆劃五十二劃之靈動數：

有先見之明、能動悉時局而一躍成功之吉象。為人處事精明幹練、意志堅定而能貫徹大志，能洞察時事，勇於嘗試他人所不敢做之事，故而能夠有一番大作為的表現，並進而獲得一舉成功、名利雙收、富貴雙得的大事業。

X筆劃五十三劃之靈動數：

為禎祥已盡尾聲、家運全盛時期將過去之兆。由外表觀之儼然福祿盈門，然而內在卻多衰敗、疲弱、困苦之情，為一外華內虛、泰極否來之景象，隨之而來的就是破家、敗業、家族沒落、人口刑傷、凶災橫禍、官司非難、阻逆困厄…等絕境。此時務宜打開胸襟的去坦然面對接踵而來的災難，並穩重踏實的按步前進，如此方可平靜安順的度過難關。

X筆劃五十四劃之靈動數：

一生多見災難不斷、辛酸悲慘、憂悶燥鬱、寡歡不樂、敗業刑傷、妻離子散、體弱多病、猝死不壽、人事不和、生活不安、耗損多磨等的絕處境遇。此數也有少部分為前運吉昌、後運衰敗之人。

△筆劃五十五劃之靈動數：

五為中央集權之表徵，故為大吉之兆，而五上加五，乃為吉之重疊，猶如錦上添花之象徵，然而物極必反、吉之至極者必反為凶，為凶之始的徵兆。由表面觀之，乃是外觀華麗、氣勢昌盛，然而內在卻已隱伏災難困苦、辛酸淒涼、有志難伸、有苦難言的凶兆。為一表裡不一、外華內虛，諸事不順遂、不如意之情景；唯有具備不屈不撓、堅定意志的信念與行為，能夠忍受一切之災難與不幸，如此才得以安度中晚年之後的困苦與災厄，也才得以再有否極泰來的機運。

X筆劃五十六劃之靈動數：

意志薄弱、事與願違，難以成就一番事業。缺乏積極的進取心，也沒有克服困難的勇氣，不具備恆心、毅力與堅忍的精神，逢遇困難、阻逆之事時，總以逃避、畏縮的心態去處之，到最後必定是挫敗不斷、災禍重重、阻逆頻來，終而導致敗業、破產、孤苦無依、家破人離、窮困多病、晚景淒涼等的絕境。

○筆劃五十七劃之靈動數：

如寒中梅花、雪中青松之景。有著剛毅穩健、堅忍不拔、魄力與信心超群的任事精神，猶如嚴寒中之松柏，能克服萬難如長青樹般的屹立不搖、如冰雪中的梅花盛開繁簇，最終必能開創一番大事業。為一榮華富貴、繁榮幸福的大吉數。

△ 筆劃五十八劃之靈動數：

中早運之前必定多遭逢挫折、波瀾、阻滯、災厄、橫禍、敗業、破家等不幸之事，然而秉持著堅忍不拔、克服萬難的信心與行為，如此在中晚運之後，必定能如願的興家立業，開創出一番興盛的事業，也得以享受晚年遲來的富貴之福。

X 筆劃五十九劃之靈動數：

無中心思想、失去核心信念之象。沒有堅毅的信心與意念，缺乏主宰事物的勇氣與信念，做事多見猶豫不決、六神無主，以致一旦遭逢挫折、困難時，其事業之失敗必定會產生兵敗如山倒的骨牌效應，一生事業也因此潰敗而無法東山再起，到最後也有可能會死於非命。

X 筆劃六十劃之靈動數：

做事心神不定、搖擺不決之兆。就事情之決策方針、執行目標常因己身毫無主見、不具魄力，以致多見出爾反爾、朝令夕改的情形，到最後必定會產生前途一片黯淡、茫無所從的恐慌，以致事事勞無所獲、多勞無功等一事無成的結果，也會因此而陷於困苦煩悶、災難刑傷、貧窮低賤、體弱多病、夭折橫死等的絕境。

○ 筆劃六十一劃之靈動數：

名利雙收、富貴雙全之榮華與顯達的大吉數。然而因富貴與榮華是這麼容易的獲得，也因而會很容易的產生高傲、自負的心性與行為，以致會造成內外失和、家庭風波不斷、自身行為不檢的違逆倫常行為之出現，而自阻榮華富貴之運勢。所以在富貴榮華獲得之後，必須要多培養柔德、多修身養性、多謙虛待人、多謹言慎行，如此事業才可經營的長長久久，也得長長久久的享受與生帶來的榮貴福份。

X 筆劃六十二劃之靈動數：

行事圓融性不足、欠缺人和，不注重信用、信用破產，以致讓人對其產生信心危機、採取退避的行為，終而陷自己於艱辛困苦、災難不斷的困境，以及失意落魄、信心崩潰、家運逐漸衰敗與頹廢的絕境。

○ 筆劃六十三劃之靈動數：

萬物化育、諸事順利如意之象。凡事多見進展順暢、事事如意，不須多費勞心、勞力，容易達成目標、容易獲致成功，而得以榮顯通達、子孫繁昌、自身富貴與長壽，乃福、祿、壽、喜俱全的大吉數。

X 筆劃六十四劃之靈動數：

一生浮沉不定、進退難據之凶象。人生與事業常見多敗少成、多遇阻逆與困厄，嚐盡辛酸與窮絕的滋味，歷經家破人離、骨肉失散之苦痛。一生雖要擔負著敗落家族而等待興盛的重責大任，然而人生的生涯卻不見如意、難如所願，常處於起伏不定、沉淪不起等難得順暢、平穩的際遇。

○ 筆劃六十五劃之靈動數：

高名富貴、吉祥如意，人生事業與生活上多見諸事順利成功、子孫繁榮、家運榮昌、福祿滿堂，乃富裕、幸福、幸運、健康、長壽之大吉數。

X 筆劃六十六劃之靈動數：

一生信用喪失、諸事進退不得，人際關係上則是內外不和、眾叛親離，終而導致破敗、損財、刑傷、災禍接踵而至，為一慘敗、滅絕的大凶數。

○筆劃六十七劃之靈動數：

具有獨立自主的氣魄、毅力和精神，能突破萬難、克服障礙，最終得以事事順遂、萬事如意。為一白手起家、財祿亨通、萬商雲集之吉象，能建立繁榮、家業昌盛的大吉數。

○筆劃六十八劃之靈動數：

智慧聰明、善判是非、忠厚穩重、善良篤實，行事意志堅強、人緣廣獲、信譽絕佳，所以能步步發達、興盛繁榮的興家立業，並得以享受功名富貴之福。

X筆劃六十九劃之靈動數：

心性不定、精神不安之凶象。行事常常顯現出心浮氣燥、坐立不安的情緒行為，也因過於急燥、欠缺三思而後行之謀慮，到最後常有徒勞無功、有志難伸、動則得咎的感慨，終而導致事業不安穩、危機四伏、窮困潦倒、體弱多病、災禍橫生的情景。

X筆劃七十劃之靈動數：

為一貧窮困苦、積勞成疾、妻離子散、家族敗亡、子孫忤逆、久病不癒、斷肢殘障、瘖啞盲聾之極端的大凶數。

△ **筆劃七十一劃之靈動數：**

天生具有自然的吉運，可以獲得幸福、安泰的生活，然而卻因過於安樂，而有徒增精神上困擾的麻煩以及缺乏應變之能力與處事的魄力，以致陷於艱難、困窘的境地，為一吉凶參半之數。因此在阻逆之運時，則宜多堅忍耐苦、培養實力，凡事戒慎恐懼、刻苦耐勞，如此必能順時的掌握到發達之機運，而得以建立一番大事業；在人生吉運之時，宜多加謹言慎行、勤儉持家，凡事按部就班、步步為營，才得以長長久久的享受富貴榮華。

△ **筆劃七十二劃之靈動數：**

陰雲密佈、晴雨不定之象，為從辛苦中得安逸、幸福中藏破敗的情形。人生的中早運之前，一切順遂如意、事業風光，可獲得成功的事業、可享受安逸的生活；然而在中晚運之後，泰極否來、甘盡苦到，有著吉中逢凶的事業與生活，會遭逢阻逆、困頓、艱難、災禍、病痛等的橫禍。因此在前運順利之時，即宜事事多為未雨綢繆的防範災害於未來的準備，如此在遭逢阻滯之晚運時，才得以安然的度過，而有平靜、安穩的生活。

△ **筆劃七十三劃之靈動數：**

為平靜、安逸、舒暢之數。徒具有遠大的志向，卻沒有實行到底、貫徹決策的意志力與魄力，到結果僅是勞多獲少、徒勞無功的白忙一場。因此凡事以務實、守成、安於本份的一步一腳印去達成目標，才得以平順與安穩的享受人生。

X **筆劃七十四劃之靈動數：**

才能、智慧均嫌不足、有欠缺，本身又不具積極的行事態度，貫徹事情的意志力也不夠，只會坐吃山空、坐享其成，到最後是一生庸碌無成、無能為用，一再的迷戀、沉淪於不勞而獲、不事生產的虛幻、逆境之中，終而導致衰敗、破產、滅絕的困境。

X **筆劃七十五劃之靈動數：**

事情說做就做，欠缺周詳之計畫、也不見三思而後行的妥善規劃，容易陷於盲目的衝動之行事，以致遭人利用、受騙、上當，終而走上慘敗、窮絕的下場。因此，凡事務宜謹言慎行、深謀遠慮，應多培養人際之關係，如此方可獲得他人的助力，而得以在穩定中求發展的開創出平穩的事業。

X　筆劃七十六劃之靈動數：

一生的信用如破巢之卵，全無完好之處，容易發生破滅、敗亡與傾覆之危機。為一家財敗亡、骨肉離散、家族衰頹、妻離夫亡、鰥寡孤獨、子女刑傷、夭折短命、五窮六絕之大凶數。

△　筆劃七十七劃之靈動數：

為吉凶參半之半世運。乃是前半世若為吉利、幸福、悠遊、順暢、富貴之運的話，那後半世必定是凶災、破敗、阻滯、貧賤之運；反之則然。也就是說一生的吉運與凶運各佔一半。

△　筆劃七十八劃之靈動數：

一樣是吉凶參半之數。然而此數原則上是前半世多為吉祥如意、順利成功，並且得以擁有與獲得富貴、榮華之生活；但到後半世時，則漸漸的嚐到困頓慘敗、阻逆失敗，並進而走上貧窮、淒涼、窮絕的滅亡之路。

X　筆劃七十九劃之靈動數：

做事多見有勇無謀、思慮欠詳、莽撞行事，完全顯現出急燥衝動、能伸不能屈、知進不知退的莽夫之行為，到最後終而導致眾叛親離、四面楚歌的困境，此時一旦遭逢挫折、失敗時，必定是兵敗如山倒般的一瀉千里、潰不成軍，終無挽回、絕處逢生的機運，其結果乃是走上家破人亡、破財敗業的際遇。

X　筆劃八十劃之靈動數：

一生的艱難辛苦、困厄阻逆如波浪千捲、排山倒海般的一波一波不絕的湧至，讓人完全無招架、應變與解決之能力，也因而容易導致破敗、損財、失業、刑傷、夫離、妻亡、子散、夭折、不壽等滅絕之路。基此之故，一生中宜及早、積極的為行善積德之行舉，如此人生尚有轉凶為吉、絕處逢生的一線生機與希望。

○　筆劃八十一劃之靈動數：

為還元之數，乃是最為吉祥、幸運之數。代表著名揚四海、富貴吉祥、福祿壽俱備，榮顯大尊大貴的大吉數。

免 聚 學 優 興 樂 慕 陰

府 難 京 觀 仕 清 宜 賞 德

薰 左 棠 基 禍 傳 行 內

集 明 洛 初 璧 陸 思 懷 惟 景

心 階 邑 家 映 松 臨 若 良 往

表 儀 靜 滿 所 陛 深 廷 使

念 莫 隆 篤 溫 嚴 廣 得 清

詩 意 陸 巖 蘭

免 聚 學 優 興 樂 慕 陰

府 難 京 觀 仕 清 宜 賞 德

薰 左 棠 基 禍 傳 行 內

集 明 洛 初 璧 陸 思 懷

心 階 邑 家 映 松 臨 若

表 儀 靜 滿 所 陛 深 臨

念 莫 隆 篤 溫 嚴 廣 得

詩 意 忍 誠 志 蘭

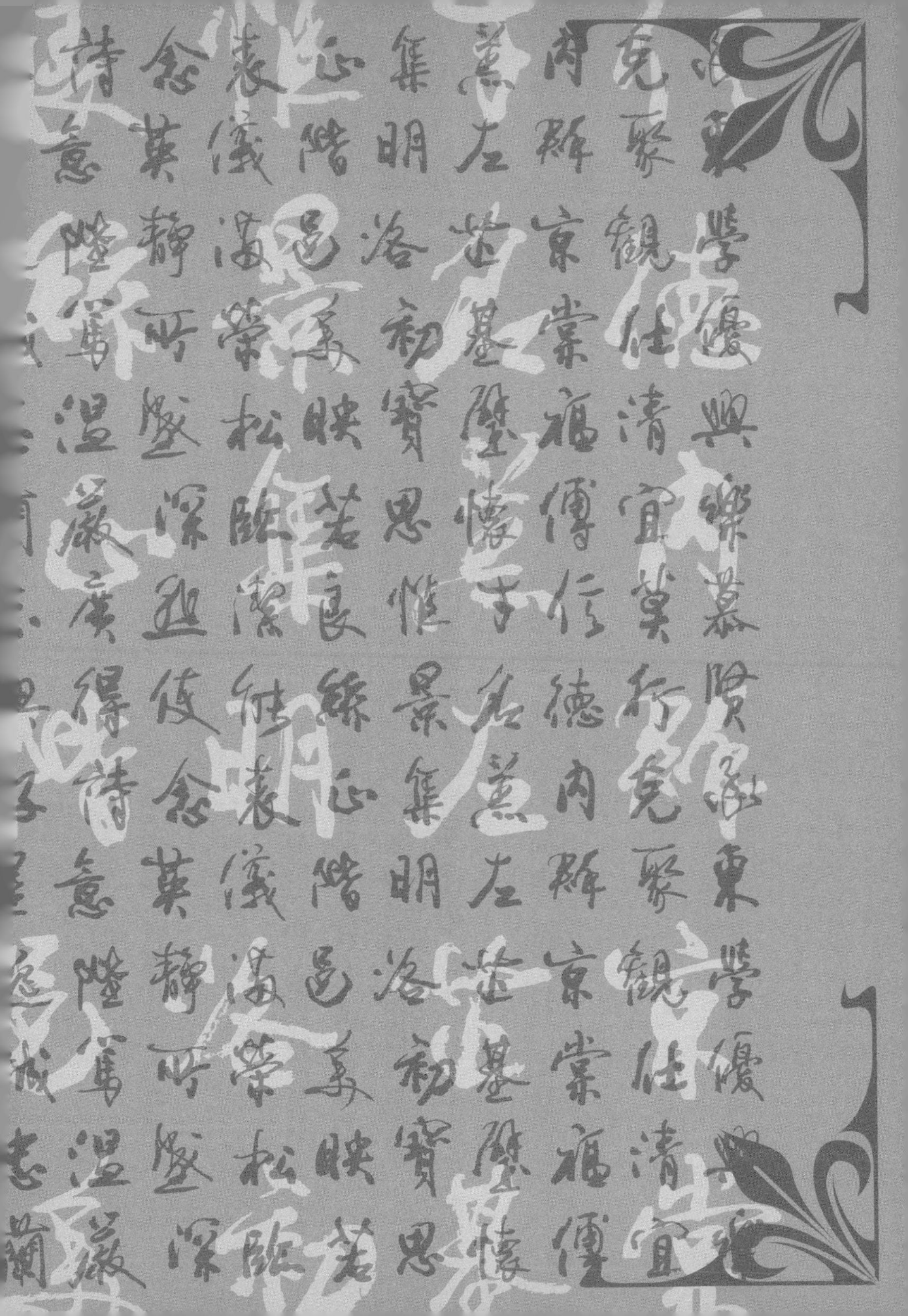

六、姓名筆劃數之分析

由前述姓名筆劃八十一數得知，每一個筆劃數都有其不同吉凶、作用和內容等的靈動數之表示，唯此八十一個靈動數雖各自有其不同的含意，但就其各自所表示之含意，乃可總結的分為左列數項大體性的分類：

一、代表富貴、榮華、幸福、美滿、福祿壽全之吉數為：

1、3、5、6、7、8、11、15、16、17、18、21、23、24、25、29、31、32、33、35、37、39、41、45、47、48、52、57、61、63、65、67、68、81等數。

二、代表吉人天相、福貴吉祥之數為：

1、15、31、33、37、41、48、52、67、68、81等數。此為一生運勢旺盛、事業通達，凡事皆可逢凶化吉，得享富貴、福壽之喜慶。

三、代表首領、領導人、權威之數為：

3、16、21、23、31、33、39等數。這些首領數乃是智、仁、勇三達德兼備之數，為具有居於上位、統馭眾人之能力。在農村社會時代以這些數理較為剛硬，因此認為女性不宜使用這些筆劃數；但以現代的高度競爭社會而言，已可將這些數理視為女強人使用之數。

四、代表剛強、倔強之數：

7、17、18、27等數。此為外表剛強，但內心卻有著心神緊繃、神經過敏的情形，易罹患呼吸系統疾病，也容易有舟車跌撲以致四肢、筋骨受傷的情形。女性使用這些數理者，比較會有男性化的傾向。

五、代表溫和、斯文、俊秀、貌美之數為：

5、6、11、15、16、24、31、32、35、37等數。具有性情溫和、敦厚、善良、順從之特性，能夠獲得長輩、下屬等人的照顧與敬愛。

六、代表財富豐厚、獲得意外偏財之數為：

15、16、24、32、33、41、52、63、67、68等數。乃是憑藉著自己的能力，由白手起家而獲得豐富的財帛。

七、代表機靈多謀、具才華、有藝術能力之數為：

13、26、29、33、36、38、42等數。與生具有天賦的藝術才華與智謀，對於藝術創作之審美能力，有著洞燭先機的能力；此外，也有機關靈巧、足智多謀的心思，然而有時卻會因此而造成聰明反被聰明誤的遺憾。

八、代表女性可使用最吉利之數為：

5、6、15、31、35、37、45、48等數。其中31數為具有首領、領袖之特質外，其餘之數皆為具備婦德、性情溫和、有雅量，並有著慈善的心性。

九、代表困苦、阻逆、災難、離散、破敗、鰥寡、死傷、刑禍、夭折、窮絕之數為：

2、4、9、10、12、14、19、20、22、26、28、30、34、40、42、43、44、46、50、53、54、55、56、58、59、60、62、64、69、70、72、74、75、76、77、78、79、80等數。

十、代表凶災、橫死、夭折之數為：

4、9、10、12、14、19、20、22、28、30、34、44、50、56、59、60、70等數。此為一生多逢凶惡橫災之事，容易遭受外來的衝擊、不測之意外事故而導致禍劫臨身、災病橫死之凶事。

十一、代表女性容易傷害到先生、子女之數為：

21、23、33等數。這些都是為具有領袖、首領、威權之數。在農村時代都認為女性要三從四德、具有柔和之個性，不宜有太過強勢、能力太強之表現，因此都視這些數理較不宜女性使用；然而以今日的社會觀之，使用這些數理之女性，已可將她們視為是女強人的代表。

十二、代表風流、好酒色、喜投機之數為：

4、12、14、15、16、17、23、24、26、27、28、33、35、37、43、45、52、62等數。表示著男女喜歡沉淪男歡女愛的色慾之中，男性不僅風流好色、性慾特強，也有著投機取巧的行事作為；女性則易有紅杏出牆的情形。

十三、代表容易獲得嬌寵、耍機謀之數為：

15、19、24、25數及總格為32之數等。一生中不是多獲長輩的寵愛，就是具有天賦的藝術才藝、或是足智多謀的心性。

十四、代表破家敗業、破壞力強之數為：

2、4、9、10、12、14、19、20、22、26、36、50、80等數。天生就具

有反骨、叛逆、不守法、品性不良、失心敗德等的劣根性，因此一旦逢遇阻逆之運時，必定會遭致失業敗財、破家敗業、棄祖離宗、敗壞門風等的惡行惡為。

十五、易有自殺、精神分裂之數為：

4、34、44、46、50、54、60等數。一生運勢甚為凶惡，經常遭逢災難之厄運，難以有順暢如意的際遇，歷經一次又一次的挫折後，到最後因對人生感到失望、無意義，而產生精神錯亂，或走上自我結束生命的絕境。

十六、代表容易遭逢意外事故、受傷流血之數為：

8、17、18、19、23、27、33、34、40、44、50、60、64等數。較具有剛硬與固執的脾氣，行事上也富有衝勁，所以容易因一時的失神、過於急性子而遭致外力的衝擊，而受傷流血。

十七、代表官訟、劫害之數為：

27、28等數。容易遭受誹謗、劫難、官司、刑罰、傷害，甚或會有夫妻生離死別的災厄事情發生。

十八、代表吉凶參半之數為：

27、36、38、49、51、55、58、71、73等數。由於吉凶之情形各佔一半，因此只要堅定意志、積極努力的去奮發向上，到最後必能收趨吉避凶、逢凶化吉的效果，並進而步向成功的運途。

十九、代表柔弱之數為：

12、14、22、32等數。外在之行事作為上雖是身段柔軟、行事圓融，但內在之心性及意志，卻是非常的剛硬與堅強，有時候甚至會有極端行為的事件產生。

二十、代表最為凶惡之數為：

34數。這是所有筆劃數81數裡面，最為凶惡、最容易發生災難之數，因此絕對要避免使用此數，以免招致不必要的凶災橫禍。

七、姓名五格的生剋關係

姓名五格已知有天格、人格、地格、總格與外格，而每一格因其筆劃數的不同，又另行賦予其不同之五行，也就是說筆劃數之個位數為1、2者，其五行為「木」；為3、4者，其五行為「火」；為5、6者，其五行為「土」；為7、8者，其五行為「金」；為9、0者，其五行為「水」。

五行彼此間會產生生剋制化的變化，而姓名五格因筆劃數之不同而賦予不同之五行，則五格彼此間也當然的會產生生剋制化的關係。又五格中以人格居於中心之位置，也就是說人格乃是姓名學的靈魂、中心、主宰之所在，因此五格彼此間的生剋制化之關係，應以人格為主、為重點之處、為當事人的代表。

姓名學五格中以「人格」為中心、主宰之所在，而與其它四格彼此間所產生的生剋制化之關係，可分為如下之20種：

1、天格生人格：

表示著周遭生活或事業中的長輩、雙親、師長、主管、長官、上司…等人，對當事人有著非常大的助力、幫助力。當事人能獲得他們的幫忙、照顧、關愛、賞識、推薦與提拔等，直接或間接的幫助，而得以一路平步青雲、順風揚帆的踏上成功的路途，且建立一番豐功偉業。

2、人格生天格：

表示著周遭生活或事業中的長輩、雙親、師長、主管、長官、上司…等人，可以獲得當事人的尊敬、孝順、敬愛、服從、忠誠、欽佩、仰慕、支持、擁護等，而得以有更為順暢、如意與溫暖的事業與生活。

3、地格生人格：

表示著晚輩、子女、兒孫、後學、後進、部屬、臣子、學生、傭人等人，對當事人會表現出尊敬、孝順、照顧、敬仰、欽佩、順從、擁護、支持、忠誠等行為，他們對當事人一生中直接或間接的會產生很大的助力，當事人也會因而創建起相當成功的事業與豐厚的獲利。

4、人格生地格：

表示著當事人對晚輩、子女、兒孫、後學、後進、部屬、臣子、學生、傭人等人，會給予直接或間接的幫忙、照顧、關愛、賞識、推薦與提拔等，並使他們得以一路平步青雲、順風揚帆的踏上成功的路途，且建立一番豐功偉業。

5、外格生人格：

表示著同儕、兄弟姐妹、朋友、同事、同學、平輩、合夥人、股東…等人，對當事人會有直接與間接的幫助，當事人也會獲得他們的協助、幫忙、支援、合作、擁護、推舉等行為，而得以在事業與生活上獲致非常大的成就與幸福。

6、人格生外格：

表示著當事人對同儕、兄弟姐妹、朋友、同事、同學、平輩、合夥人、股東…等人，會給予直接與間接的協助、幫忙、支援、合作、擁護、推舉等行為，並使他們得以在事業與生活上獲致非常大的成就與幸福。

7、人格生總格：

表示著人格所代表之主運、成功運對於總格之晚年運、成果運會產生非常大的助力；也就是說人格之五行對總格之五行，可產生強化、增益、補強等加分的效果，並使晚年的生活與事業能臻於成功及更為永久與美滿。

8、總格生人格：

表示著總格代表之晚年運、成果運對人格之主運、成功運會產生非常大的助益與強化力，並使當事人在中年時期的創業能夠更為順暢，獲得的成就也更為輝煌與興盛。

9、天格剋人格：

表示著周遭生活或事業中的長輩、雙親、師長、主管、長官、上司…等人，對當事人一生的生活與事業，不僅毫無助益之力，甚至於會產生令人生厭、無理取鬧、扯後腿、苛薄、冷漠、拖累、迫害、拋棄、牽制、阻滯、困逆…等的負面傷害行為。

10、人格剋天格：

表示著當事人對長輩、雙親、師長、主管、長官、上司…等人，一生的生活與事業不僅毫無任何助益之力，甚至於會產生不尊敬、不孝順、不敬愛、不服從、抗逆、反叛、不服氣、唾棄、出賣、背離、欺騙、拖累、阻逆、牽制…等的負面傷害行為。

11、地格剋人格：

表示著周遭生活或事業中的晚輩、子女、兒孫、後學、後進、部屬、臣子、學生、傭人等人，對當事人的生活與事業，不僅毫無助益之力，甚至於會有不尊敬、不孝順、不敬愛、不服從、抗逆、反叛、不服氣、唾棄、出賣、背離、欺騙、拖累、阻逆、牽制…等的負面傷害行為。

12、人格剋地格：

表示著當事人對晚輩、子女、兒孫、後學、後進、部屬、臣子、學生、傭人等人的生活與事業，不僅毫無助益之力，甚至於會產生令人生厭、無理取鬧、扯後腿、苛薄、冷漠、拖累、迫害、拋棄、牽制、阻滯、困逆…等的負面傷害行為。

13、外格剋人格：

表示著同儕、兄弟姐妹、朋友、同事、同學、平輩、合夥人、股東…等人，對當事人的生活與事業，不僅毫無助益之力，甚至於會產生破壞、誣陷、設計、排擠、詐騙、欺敵、隱瞞、拆夥、背叛、牽制、拖累、扯後腿、不支援、不合作、不擁護、不合群等的傷害行為，而使當事人的事業瀕臨於破產、倒閉之狀態。

14、人格剋外格：

表示著當事人對同儕、兄弟姐妹、朋友、同事、同學、平輩、合夥人、股東…等人，對他們的生活與事業，不僅毫無助益之力，甚至於會產生破壞、誣陷、設計、排擠、詐騙、欺敵、隱瞞、拆夥、背叛、牽制、拖累、扯後腿、不支援、不合作、不擁護、不合群等的傷害行為，而使他們的事業瀕臨於破產、倒閉之狀態。

15、人格剋總格：

表示著人格所代表之主運、成功渾對於總格之晚年運、成果運會產生非常大的破壞、傷害、磁吸、耗損、橫阻等不利的影響。

16、總格剋人格：

表示著總格代表之晚年運、成果運對人格之主運、成功運會產生非常大的阻礙、困逆、牽制、扯後腿等不利的影響。

17、天格比和人格、人格比和天格：

表示著當事人與長輩、雙親、師長、工管、長官、上司…等人，彼此間都存在著相互幫助之力量，並也能因彼此的互助而共得利益與收獲。

18、地格比和人格、人格比和地格：

表示著當事人與晚輩、子女、兒孫、後學、後進、部屬、臣子、學生、傭人等人，彼此間都存在著相互幫助之力量，並也能因彼此間的互助而共得利益與收獲。

19、外格比和人格、人格比和外格：

表示著當事人與同儕、兄弟姐妹、朋友、同事、同學、平輩、合夥人、股東…等人，彼此間都存在著相互幫助的力量，並也能因彼此的互助而共得利益與收獲。

20、總格比和人格、人格比和總格：

表示著總格代表之晚年運、成果運與代表人格之主運、成功運，彼此間都存在著相互幫助之力量，也就是說成功運有助益於晚年運的安享天年、晚年運可推進成功運達於更臻美的事業成就，因彼此的互助而獲得加倍的利益與收穫。

八、姓名五格與身體疾病

人格為姓名學的中心、樞紐之所在，因此人格的五行除了本身有其代表身體五臟的病源之外，其與天格、地格間的五行產生生剋制化的關係後，對身體也會產生各重不同的疾病，今敘述如後：

一、人格五行所代表的五臟及病源：

1、**五行屬木：**一數為膽、二數為肝，病源在「肝臟」。

2、**五行屬火：**三數為心、四數為小腸，病源在「心臟」。

3、**五行屬土：**五數為胃、六數為脾，病源在「脾臟」。

4、**五行屬金：**七數為大腸、八數為肺，病源在「肺臟」。

5、**五行屬水：**九數為膀胱或子宮、十數為腎，病源在「腎臟」。

二、人格五行受剋所產生的疾病：

1、**金剋木：**易罹患肝疾、膽結石、筋骨疼痛、偏頭痛、高血壓、腦中風、關節炎、風濕痛、腦神經衰弱、坐骨神經等疾病。

2、**水剋火：**易罹患心悸、心肌梗塞、高血壓、胃潰瘍、白內障、腦性麻痺、下痢等疾病。

3、**木剋土：**易罹患腰背酸痛無力、皮膚病、癌症、消化不良、紅斑狼瘡、腸胃炎。

4、**火剋金：**耳鳴、乾咳、肩背酸痛、支氣管炎、咽喉痛、痛風、肝硬化等疾病。

5、**土剋水：**易罹患泌尿系統疾病、婦疾、攝護腺腫大、便秘、扁桃腺炎、尿毒症等疾病。

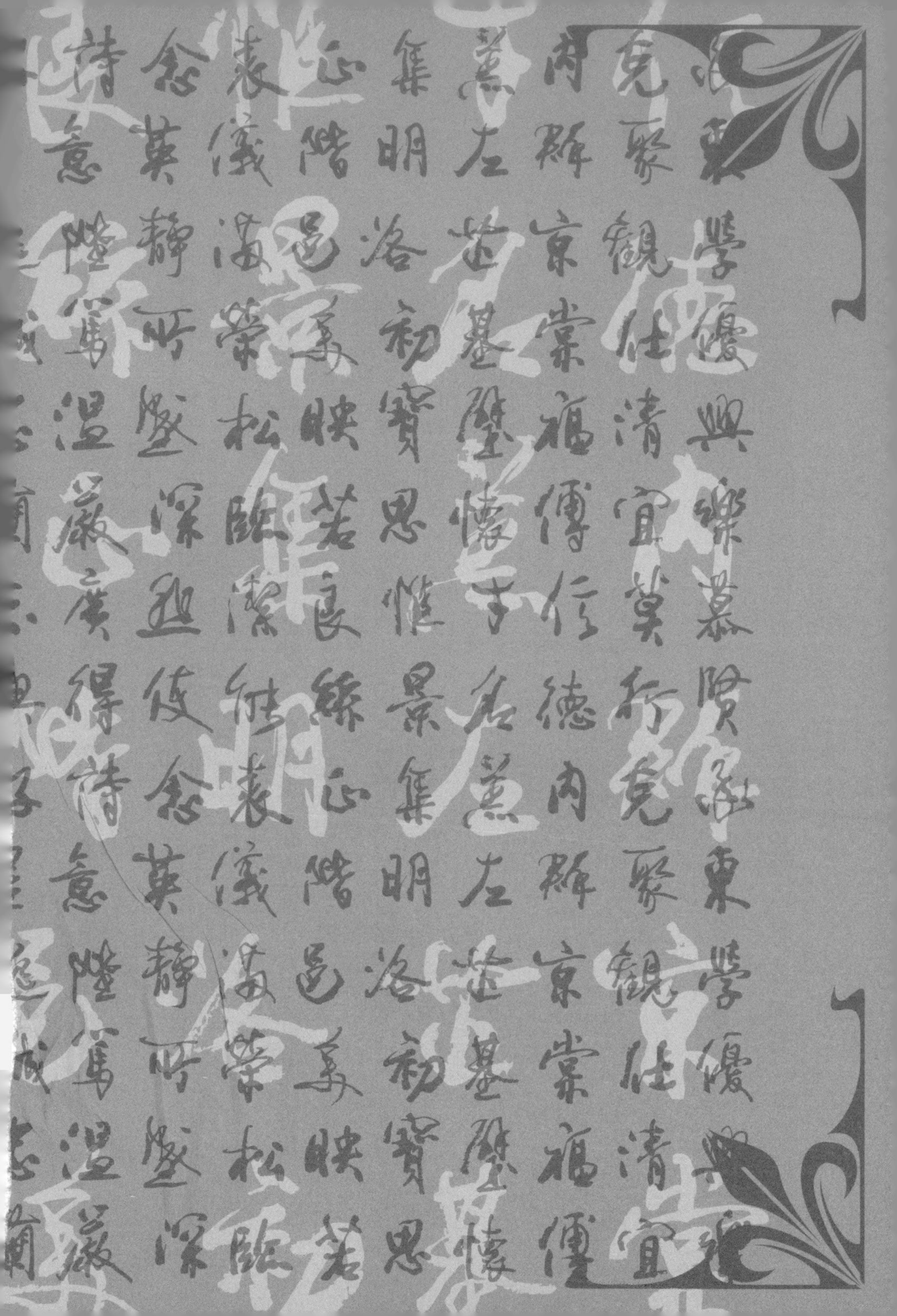

九、姓名三才配置的吉凶關係

目前市面上所有有關姓名學的著作，都將姓名中的「天格、人格、地格」等三格視為對姓名學會產生最直接、最明顯的吉凶、好壞之影響力，因此就將此三格剝離出姓名學的五格中，讓此三格獨立存在，並將此三格另外再給予一個名稱，稱為天、人、地之「三才」。

由於三才中的人格位居中心位置、靈魂主宰處，以其上接天格、下臨地格，因此姓名學即以人格為最重要的論述重點，並就人格、天格、地格之筆劃數所賦予之五行，看其彼此間的生剋制化關係如何，而為當事人姓名之吉凶、好壞的分析與判斷之論述。

姓名學中天格與外格的構成，乃是在姓氏與名字的最後一個字下，各自加一個「假1」之數而產生。然而筆者在前面已經說過，並不贊成這種增加「假1」之數的用法，因此筆者並不認為姓名學中的天格與外格具有任何意義可言，反而是總格才具有吉凶、好壞的影響力。

因此筆者在此所要論述的「三才」之格，則是將天格改換成總格，也就是說以「人、地、總」三格視為「三才」之構成要件，且其彼此間的影響力都可說是均等，並沒有說那一格的影響力較重、那一格的影響力較輕，並以此三才彼此間五行的生剋制化關係，而為一組姓名之吉凶、好壞的判斷與分析。

有關三才因其位置之配置，而產生五行生剋制化的吉凶、好壞關係，今以表格將各種不同的吉凶、好壞關係列示及說明於後：

人格	地格	總格	三才配置筆劃數之五行生剋吉凶表
一 木 二	一 木 二	一 木 二	三格成相輔相成之象，故代表著祖先有德、蔭庇子孫，子孫家門隆昌、事業繁榮興盛與穩固，多出英雄、豪傑之人物。家人身心健康、長壽，人人有奮發向上之心、內心充滿無限的希望，凡事多能圓滿順利的達到成功之地步。
一 木 二	一 木 二	三 火 四	成木火相生之象，主一生多得貴人、長輩的照顧，本人心性善良、機智靈敏，行事做為圓融、善解人意、多得人和、人緣佳，事業上之基楚穩固，故而能成就一番繁盛的事業，並得以享受富貴與康壽的人生。

一一五 木木土 二二六	中早運之前的事業在穩定中求發展，雖在順境中會遭遇阻逆與堅困，但都能憑藉自己的毅力而得以一一的克服，並完成自己建功立業的大志。具有寬己嚴人的缺點，宜多為修身養性的行舉；在晚運時亦宜多為行善積德之作為。
一一七 木木金 二二八	為基礎不穩固之象。人生遭逢多變、不穩定的境遇，雖可獲得短暫的成功之機運，但卻因一路多得罪人、不得人和、不得眾人的愛戴與支持，到最後反會因遭受到他人的背叛、拖累而致失業敗財。有呼吸系統及肝臟之疾病。
一一九 木木水 二二〇	中早運之前雖得長輩及他人的助力而得以創業有成，但在創業的過程中卻多見競爭與排擠。在晚運之時，則以修身養性且多為精神、宗教之修持，不要太過貪圖享受物慾之生活，如此才可以有一個平穩與安逸的晚年生活。
一三一 木火木 二四二	一生多得眾人的助力而得以在課業成績、事業創建上，有著順遂如意的表現與成就。在晚運之時，一樣以修身養性且多為精神、宗教之修持，不要太過貪圖享受物慾之生活，如此方可有一個平穩與安逸的晚年生活。

一三三 木火火 二四四	不管在求學或就業，亦或經商創業，多得貴人的助力，而得以有令人稱羨的作為、表現與成就。唯此為火旺之象，因此凡事務以冷靜、沉著的去行事作為，不要有過於衝動、急燥的行為，也不要有過於自信、自負的表現。
一三五 木火土 二四六	中早運之前多見長輩、貴人等的助力，而得以一帆風順。但在進入晚運之前，凡事宜守成、放慢腳步，不要再有激燥的行事作為，以免會有發生挫敗、損財、失業之情形。會有泌尿系統、中耳炎之疾病。
一三七 木火金 二四八	中早運前雖然會有一番的成就事業，但因基礎不穩、過於貪圖享樂，以致在進入晚運之後，會發生事業挫敗、家運衰退的災厄。會有呼吸系統、腸胃疾、皮膚病等症狀。
一三九 木火水 二四〇	在中早運之前，雖可獲得成功的事業；但在中晚運之後，因心性暴躁、反覆不定、意志力不夠，到最後會因自己的莽撞、衝動、自大、反覆無常的決策，而導致失業敗財、家破人亡的慘況。

一五一	木土木	二六二	為基礎不穩固之象。人生遭逢多變、不穩定的境遇，在中晚運之後，慎防因過度耽溺於理想的烏托邦世界、迷失於成功的喜悅之中，而逐漸的喪失奮鬥之意志與人生的目標，到最後終而瀕臨破敗、窮絕、災患、橫死的境遇。
一五三	木土火	二六四	前運不理想，會有大起大落、自相矛盾的情形，但從中運後，即得以漸漸的創建起穩固的事業；但在晚運時，除了要修身養性、多為精神與宗教修持，也應注意腰骨、泌尿系統調養，如此方可有一個平穩與安逸的晚年生活。
一五五	木土土	二六六	前運不理想，會有波濤起伏、自相矛盾的情形，但從中運以後，多得貴人助力而入佳境，事業也漸漸的平穩；唯此為土燥之象，因此凡事多參考他人之意見，不要過於固執與墨守成規，如此必可有長久穩固的事業與美滿生活。
一五七	木土金	二六八	前運不理想，會有大起大落、自相矛盾情形；在中晚運後，事業創建上，雖有順遂如意的表現與成就；但相對的也承受過多的壓力，以致於造成身心方面的過多操勞，到最後會因抑鬱寡歡的而走上失業敗財、妻離子散的窘境。

一五九 木土水 二六〇	為基礎不穩固之象。人生遭逢多變、不穩定的境遇，雖可獲得短暫的成功之機運，但在中晚運之後，會因外在人、事、物的影響，或是自己固執的脾氣、不懂得隨機應變的去抓住機會，而導致失業敗財、家破人亡的絕境。
一七一 木金木 二八二	一生充滿矛盾境遇，不僅課業成績不理想，也可能成為叛逆之少年：出社會後，除了得不到貴人的助力外，也是多逢蹇塞、困頓、阻礙之事情，不僅無法成就一番事業，甚且會有多災多難、體弱多病、災禍橫死等凶厄事發生。
一七三 木金火 二八四	為基礎不穩固之象。人生遭逢多變、不穩定的境遇，在中晚運之後，更會因外在人、事、物之影響，發生突如其來的災變，而導致失業敗財、家破人亡的絕境。易得肝炎之疾病。
一七五 木金土 二八六	前運不理想，會有波濤起伏、自相矛盾的情形，但從中運以後，多得貴人之助力，而得以有令人稱羨的作為、表現與成就。在事業成就之後，要再多培養圓融處事的個性，如此必定會再獲得更為堅固、久遠的事業與生活。

一七七	木金金	二八八	前運不理想，會有大起大落、自相矛盾情形；但從中運以後，卻有時來運轉、驟發富貴的機運，憑其剛毅不屈的精神、努力不懈的鬥志，終而建立起一個令人稱羨、穩固的事業與豐厚的獲利，也有一個幸福的晚年。
一七九	木金火	二八〇	一生充滿矛盾境遇，不僅課業成績不理想，也可能成為叛逆之少年：出社會後，除了得不到貴人的助力外，也是多逢蹇塞、困頓、阻礙之事情，不僅無法成就一番事業，甚且會有多災多難、體弱多病、災禍橫死等凶厄事發生。
一九一	木水木	二〇二	多得眾人的助力且廣獲人緣，彼此同心協力、志同道合，可以獲得很好的創業成功之機運，也終而能夠開創出一番非常成功的事業。唯因過於投入於事業之中，以致會產生家庭的危機，這一點務要多為注意。
一九三	木水火	二〇四	在中早運之前，雖可獲得成功的事業；但在中晚運之後，慎防因過於耽溺於物質的享樂世界、迷失於成功的喜悅之中，而逐漸的喪失奮鬥之意志與人生的目標，到最後終而瀕臨破敗、窮絕、災患、橫死之境遇。

一九五 木水土 二〇六	在中早運之前，雖可獲得成功的事業；但在中晚運之後，須慎防會遭逢突然的、不可預測的災變，以致於家破人亡、破業敗財、不測橫死之絕境。易有腸胃潰瘍、腰背酸痛之疾病。
一九七 木水金 二〇八	在中早運之前，雖可獲得成功的事業，但因根基不固、信心不足、意志力不夠，以致在中晚運之後，會因外在人、事、物之影響，或是自己已缺乏鬥志的心性，而將事業、家產變賣、出讓，並過著平淡、安穩的人生。
一九九 木水水 二〇〇	多得兄、長輩的助力，在他們全心全力的幫助下，可以有很好的創業成功之機運，並也能夠開創出一番非常成功的事業。然而在事業成就之後，要多回報這些有幫助之人，以免會產生事業與家族的危機，這一點務要多為注意。
三一一 火木木 四二二	多得兄、長輩的助力，在他們全心全力的幫助下，可以開創出一番非常成功的事業。但在事業成就之後，除了要回報這些有幫助之人外，本人也應多為修身養性、沉潛心性之修為，如此事業才能永久與穩固，生活也才得美滿。

三一三	火木火	四二四	多得兄、長輩的助力，而得以開創出一番非常成功的事業。但在事業成就之後，本人除了要回報這些人及應多為修身養性、沉潛心性之修為外，也要多堅持自己之信心與主張，如此才不會有受到他人拖累之危機。
三一五	火木土	四二六	有著很好的進取心、旺盛的奮鬥意志，在眾人的協助之下而得以有甚為成功的事業與人生。但在達到成功的途中，會有一些逢凶化險的波折，尤其是在進入晚運之時，雖會有遭受挫折的事件，但也都能克服危機而安然的度過。
三一七	火木金	四二八	事業上雖可獲得一時的成就與獲利，但因基礎不穩，以及個性過於剛硬而導致他人的反彈，因而對事業發生衝擊與阻撓，故事業在中運以後即兵敗如山倒的一蹶不振。有筋骨、肝炎之疾病。
三一九	火木水	四二〇	在中早運之前，雖可獲得成功的事業；但在中晚運之後，慎防因過度溺於物質的享樂世界、迷失於成功的喜悅之中，而逐漸的喪失奮鬥之意志與人生的目標，到最後終而瀕臨破敗、窮絕、災患、橫死之境遇。

三三一 火火木 四四二	多得眾人的助力且廣獲人緣，彼此同心協力、志同道合，可以獲得很好的創業成功之機運，也終而能夠開創出一番非常成功的事業。唯因過於投入事業之中而會多用腦力，故應多注意高血壓、腦血管疾病的調養。
三三三 火火火 四四四	多得眾人的助力，而可以獲得很好的創業成功之機運，也終而能夠開創出一番非常成功的事業。唯不管在創業過程中或事業已成就，務要內斂心性、勿急燥，凡事多三思而後行，如此不僅得眾人之信服且事業也可永久與穩固。
三三五 火火土 四四六	多得眾人的助力，而可以獲得很好的創業成功之機運，也終而能夠開創出一番非常成功的事業。事業成就之後，除了多內斂心性及三思而後行之外，也應多為宗教心靈的修為，在身體上並要多為腰背、泌尿系統的調養。
三三七 火火火 四四八	在中早運之前，雖可獲得成功的事業，但在中晚運之後，慎防因心性過於急燥、脾氣過於火爆，而得罪人於不知不覺之中，以致事業兵敗如山倒般的一蹶不振。容易罹患中耳炎、膿瘡、呼吸系統、肩背酸痛之疾病。

三三九 火火水 四四〇	為基礎不穩固之象。人生遭逢多變、不穩定的境遇，雖可獲得短暫的成功之機運，但卻因心性暴躁、反覆不定、意志力不夠，到最後會因自己的莽撞、衝動、自大、反覆無常的決策，而導致失業敗財、家破人亡的慘況。
三五一 火土木 四六二	在中早運之前，雖可獲得成功的事業；但在中晚運之後，慎防因過度耽溺於理想的烏托邦世界、迷失於成功的喜悅之中，而逐漸的喪失奮鬥之意志與人生的目標，到最後終而瀕臨破敗、窮絕、災患、橫死的境遇。
三五三 火土火 四六四	一生多得眾人的助力而得以在課業成績、事業創建上，有著順遂如意的表現與成就。在晚運之時，除了要修身養性、多為精神與宗教之修持，也應注意腰骨、泌尿系統之調養，如此方可有一個平穩與安逸的晚年生活。
三五五 火土土 四六六	不管在求學或就業、亦或經商創業，多得貴人之助力，而得以有令人稱羨的作為、表現與成就。唯此為土燥之象，因此凡事多參考他人之意見，不要過於固執與墨守成規，如此必可有長久穩固的事業與美滿的生活。

三五七 火土金 四六八	一生雖多得眾人的助力而得以在課業成績、事業創建上，有著順遂如意的表現與成就；但相對的也承受過多的壓力，以致於造成身心方面的過多操勞，到最後會因抑鬱寡歡的心情而走上失業敗財、妻離子散的窘境。
三五九 火土水 四六〇	為基礎不穩固之象。人生遭逢多變、不穩定的境遇，雖可獲得短暫的成功之機運，但卻因心性暴躁、過於固執、冥頑不靈，到最後會因自己的固執、自大、不知掌握社會的脈絡，而導致失業敗財、家破人亡的慘況。
三七一 火金木 四八二	一生充滿矛盾境遇，不僅課業成績不理想，也可能成為叛逆之少年；出社會後，除了得不到貴人的助力外，也是多逢蹇塞、困頓、阻礙之事情，不僅無法成就一番事業，甚且會有多災多難、體弱多病、災禍橫死等凶厄事發生。
三七三 火金火 四八四	一生多成多敗，內心多見矛盾、自我衝擊的心境。事業難有成就可言、境遇也是多變不定，志向多逢阻撓、心志無法展現，常有盲目衝動、暴躁的脾氣，以致眾叛親離，晚年時多見孤苦無依之情景。

三七五 火金土 四八六	前運不理想，會有波濤起伏、自相矛盾的情形，但從中運以後，即已漸漸的進入佳境，事業也漸漸的平穩；此時唯有按部就班、努力不懈的去奮發，必可有一個安穩且平順的事業的生活。易有肩背、筋骨酸痛的疾病。
三七七 火金金 四八八	前運不理想，會有九死一生、自相矛盾的情形，但從中運以後，卻有時來運轉、驟發富貴的機運，憑其剛毅不屈的精神、努力不懈的鬥志，終而建立起一個令人稱羨、穩固的事業與豐厚的獲利，也有一個幸福的晚年。
三七九 火金水 四八〇	前運不理想，會有大起大落、自相矛盾的情形，但從中運以後，由於承受以前奮發不懈的果實與基礎，故而得以漸漸的創建起一個令人稱羨、穩固的事業與豐厚的獲利，也有一個幸福的晚年。
三九一 火水木 四〇二	前運不理想，會有起伏不定、自相矛盾的情形，但從中運以後，由於承受以前奮發不懈的果實與基礎，故而得以漸漸的創建起一個令人稱羨、穩固的事業與豐厚的獲利，也有一個幸福的晚年。

三九三	火水火	四〇四	一生多成多敗、內心多見矛盾、情緒不定的心境。事業難有成就可言、境遇也是多變不定，志向多逢阻撓、心志無法展現，常有盲目衝動、暴躁的脾氣，以致眾叛親離，晚年時多見孤苦無依之情景。易有青光眼、心悸之疾病。
三九五	火水土	四〇六	一生多成多敗、內心多見矛盾、情緒不定的心境。事業難有成就可言、境遇也是多變不定，志向多逢阻撓、心志無法展現，常有盲目衝動、暴躁的脾氣，以致眾叛親離，嚴重時會有意外橫死、不壽的情形。
三九七	火水金	四〇八	雖會獲得長輩、貴人之助力，但卻也充滿很多阻礙、變數與矛盾之情形，故一生的事業難有令人滿意的成就與獲利，家庭間也有家人爭吵、不和的情形。宜多善用他人之助力，以期能有更為良好的事業成就與獲利。
三九九	火水水	四〇〇	前運不理想，會有起伏不定、自相矛盾的情形，但從中運以後，卻有時來運轉、驟發富貴的機運，憑其處事圓融的個性、能屈能伸的精神，終而建立起一個令人稱羨、穩固的事業與豐厚的獲利，也有一個幸福的晚年。

五一一 土木木 六二二	前運不理想，會有體弱多病、坐骨神經痛、自相矛盾的情形，但從中運以後，卻有時來運轉、驟發富貴的機運，憑其人格高尚的行為、堅持理想的精神，終而建立起一個令人稱羨、穩固的事業與豐厚的獲利，也有一個幸福的晚年。
五一三 土木火 六二四	前運不理想，會有大起大落、自相矛盾的情形，但從中運以後，由於承受以前堅持理想與崇高人格的基礎，故而得以漸漸的創建起一個令人稱羨、穩固的事業與豐厚的獲利，也有一個幸福的晚年。易有消化不良的疾病。
五一五 土木土 六二六	一生多成多敗，內心多見矛盾、自我衝擊的心境。事業難有成就可言、境遇也是多變不定，志向多逢阻撓、心志無法展現，常因過於固執、冥頑不靈的脾氣，以致眾叛親離，晚年時多見孤苦無依的情景。易有跌倒骨折的情形。
五一七 土木金 六二八	一生充滿矛盾境遇，不僅課業成績不理想，也可能成為叛逆之少年：出社會後，除了得不到貴人的助力外，也是多逢蹇塞、困頓、阻礙之事情，不僅無法成就一番事業，甚且會有多災多難、體弱多病、災禍橫死等凶厄事發生。

五一九	土木水	六二〇	前運不理想，會有體弱多病、腰背酸軟、自相矛盾的情形，但從中運以後，才得以漸漸的進入順境，事業也漸漸的平穩；此時唯有按部就班、努力不懈的去奮發，必可有一個安穩且平順的事業的生活。
五三一	土火木	六四二	一生多得眾人的助力而得以在課業成績、事業創建上，有著順遂如意的表現與成就。在晚運之時，除了要修身養性、多為精神與宗教之修持，也更應要為理想的堅持與實行，如此必可有一個平穩與安逸的晚年生活。
五三三	土火火	六四四	一生多得眾人的助力而得以在課業成績、事業創建上，有著順遂如意的表現與成就。唯此為火旺之象，因此凡事務以冷靜、沉著的去行事作為，不要有過於衝動、急燥的行為，也不要有過於自信、自負的表現。容易失眠。
五三五	土火土	六四六	一生多得眾人的助力而得以在課業成績、事業創建上，有著順遂如意的表現與成就。唯此為土燥之象，因此凡事多參考他人之意見，不要過於固執與墨守成規，如此必可有長久穩固的事業與美滿的生活。易有口乾舌燥的情形。

五三七	土火金	六四八	在中早運之前，雖可獲得成功的事業，但因根基不固、過於暴燥，以致在中晚運之後，會因外在人、事、物之影響，或是自己火爆、固執的脾氣，而喪失機會，以致將事業及家產變賣、出讓，並過著平淡、安穩的人生。
五三九	土火水	六四〇	在中早運之前，雖可獲得成功的事業，但因根基不固、過於暴燥、冥頑不靈，以致在中晚運之後，會因外在人、事、物的影響，或是自己火爆、固執的脾氣而喪失機會，導致失業敗財、家破人亡的絕境。
五五一	土土木	六六二	在中早運之前，雖可獲得成功的事業，但因根基不固、過於固執、冥頑不靈，以致在中晚運之後，會因外在人、事、物的影響，或是自己固執的脾氣、無法堅持先前的理想而喪失機會，導致失業敗財、家破人亡的絕境。
五五三	土土火	六六四	不管求學或就業、亦或經商創業，多得貴人的助力，而得以有令人稱羨的作為、表現與成就。唯此為土燥之象，因此凡事應多參考他人的意見，不要過於固執與墨守成規，如此必可有長久穩固的事業與美滿的生活。

五五五 土土土 六六六	不管求學或就業、亦或經商創業，多得貴人的助力，而得以有令人稱羨的表現與成就。唯此為土燥之象，因此凡事應多參考他人之意見，不要過於固執與墨守成規，如此必可有長久穩固的事業與美滿的生活。女性不宜此數。
五五七 土土金 六六八	不管求學或就業、亦或經商創業，多得貴人之助力，而得以有令人稱羨的作為、表現與成就。但因會承受過多的壓力，因此在平常時即應多培養抒解壓力的健身運動與均衡的飲食調理。易有精神壓抑、腦神經痛的疾病。
五五九 土土水 六六〇	在中早運之前，雖可獲得成功的事業，但因根基不固、過於固執、冥頑不靈，以致在中晚運之後，會因外在人、事、物的影響，或是自己固執的脾氣、不懂得隨機應變的去抓住機會，而導致失業敗財、家破人亡的絕境。
五七一 土金木 六八二	在中早運之前，雖可獲得成功的事業，但因根基不固、過於固執、剛硬的牛脾氣，以致在中晚運之後，會因外在人、事、物的影響，或是自己固執、不懂得圓融處事的個性，而導致失業敗財、家破人亡的絕境。

五七三 土金火 六八四	在中早運之前，雖可獲得成功的事業，但因根基不固、過於固執、剛硬的牛脾氣，以致在中晚運之後，會因外在人、事、物之影響，發生突如其來的災變，而導致失業敗財、家破人亡的絕境。易得肝炎之疾病。
五七五 土金土 六八六	不管求學或就業、亦或經商創業，多得貴人之助力，而得以有令人稱羨的作為、表現與成就。在事業成就之後，要再多培養圓融處事的個性，如此必定會再獲得更為堅固、久遠的事業與生活。
五七七 土金金 六八八	不管求學或就業、亦或經商創業，多得貴人的助力，而得以有令人稱羨的作為、表現與成就。在事業成就之後，要再多培養謙虛為懷的個性，如此必定會再獲得更為堅固、久遠的事業與生活。
五七九 土金水 六八〇	一生雖多得眾人的助力而得以在課業成績、事業創建上，有著順遂如意的表現與成就；但相對的也承受過多的壓力，以致於造成身心方面的苦悶、壓抑，因此務要養成圓融處事的個性，如此必可有幸福與美滿的晚年生活。

五九一 土水木 六〇二	一生充滿矛盾境遇，不僅課業成績不理想，也可能成為叛逆的少年：出社會後，除了得不到貴人的助力外，也是多逢蹇塞、困頓、阻礙的事情，不僅無法實現理想，甚且會有多災多難、體弱多病、災禍橫死等凶厄事發生。
五九三 土水火 六〇四	一生充滿矛盾境遇，不僅課業成績不理想，也可能成為叛逆的少年：出社會後，除了得不到貴人的助力外，也是多逢蹇塞、困頓、阻礙之事情，不僅無法發揮才華，甚且會有多災多難、體弱多病、災禍橫死等凶厄事發生。
五九五 土水土 六〇六	一生多成多敗，內心多見矛盾、自我衝擊的心境。事業難有成就可言、境遇也是多變不定，志向多逢阻撓、心志無法展現，常因固執、冥頑不靈的脾氣，以致眾叛親離，晚年時多見孤苦無依的情景。
五九七 土水金 六〇八	前運不理想，會有體弱多病、腸胃潰瘍、自相矛盾的情形，但從中運以後，才得以漸漸的進入順境，事業也漸漸的平穩；此時唯有按部就班、堅定意志的去奮發，才可有一個安穩且平順的事業與生活。

五九九 土水水 六〇〇	前運不理想，會有體弱多病、自相矛盾的情形，但從中運以後，卻有時來運轉、驟發富貴的機運，憑其處事圓融的個性、能屈能伸的精神，終而建立起一個令人稱羨、穩固的事業與豐厚的獲利，也有一個幸福的晚年。
七一一 金木木 八二二	前運不理想，會有體弱多病、自相矛盾的情形，但從中運以後，卻有時來運轉、驟發富貴的機運，憑其人格高尚的行為、堅持理想的精神，終而建立起一個令人稱羨、穩固的事業與豐厚的獲利，也有一個幸福的晚年。
七一三 金木火 八二四	一生充滿矛盾境遇，不僅課業成績不理想，也可能成為叛逆的少年：出社會後，除了得不到貴人的助力外，也是多逢蹇塞、困頓、阻礙之事情，不僅無法發揮才華，甚且會有多災多難、體弱多病、災禍橫死等凶事發生。
七一五 金木土 八二六	一生充滿矛盾境遇，不僅課業成績不理想，也可能成為叛逆的少年：出社會後，除了得不到貴人的助力外，也是多逢蹇塞、困頓、阻礙之事情，不僅不得人和、眾叛親離，甚且會有多災多難、體弱多病、災禍橫死等凶事發生。

七一七 金木金 八二八	一生多成多敗，內心多見矛盾、自我衝擊的心境。事業難有成就可言、境遇也是多變不定，志向多逢阻撓、心志無法展現，因剛硬、不肯認輸的脾氣，以致眾叛親離，晚年時多見孤苦無依的情景。筋骨容易受到傷害。
七一九 金木水 八二〇	前運不理想，會有體弱多病、筋骨酸痛、自相矛盾的情形，但從中運以後，才得以漸漸的進入順境，事業也漸漸的平穩；此時唯有按部就班、堅持理想的去奮發，才可有一個安穩且平順的事業與生活。
七三一 金火木 八四二	前運不理想，會有體弱多病、呼吸系統疾病、自相矛盾的情形，但從中運以後，才得以漸漸的進入順境，事業也漸漸平穩；此時唯有按部就班、三思後行的去奮發，才可有一個安穩平順的事業與生沽。易有乾咳、鼻蓄膿之狀。
七三三 金火火 八四四	前運不理想，會有體弱多病、自相矛盾的情形，但從中運以後，卻有時來運轉、驟發富貴的機運，憑其熱心活躍個性、積極熱情的精神，終而建立起一個令人稱羨、穩固的事業與豐厚的獲利，也有一個幸福的晚年。

七三五 金火土 八四六	前運不理想，會有體弱多病、膿瘡、皮膚病、自相矛盾的情形，但從中運以後，才得以漸漸的進入順境，事業也漸漸平穩；此時唯有按部就班、安守本份的去奮發，才可有一個安穩且平順的事業與生活。易生紅斑狼瘡的疾病。
七三七 金火金 八四八	一生多成多敗，內心多見矛盾、自我衝擊的心境。事業難有成就可言，境遇也是多變不定，志向多逢阻撓，心志無法展現，常因暴躁、易衝動的脾氣，以致眾叛親離，晚年時多見孤苦無依的情景。易有皮膚或呼吸系統的疾病。
七三九 金火水 八四〇	一生多成多敗，內心多見矛盾、自我衝擊的心境。事業難有成就可言，境遇也是多變不定，志向多逢阻撓，心志無法展現，常因懦弱、缺乏自信心，以致眾叛親離，晚年時多見孤苦無依的情景。易有腦神經衰弱、腦溢血之疾病。
七五一 金土木 八六二	在中早運之前，雖可獲得成功的事業，但因根基不固、過於固執、冥頑不靈，以致在中晚運之後，會因外在人、事、物之影響，或是自己過於剛硬的脾氣，不懂得能屈能伸的處事行為，而導致失業敗財、家破人亡的絕境。

七五三 金土火 八六四	不管求學或就業，亦或經商創業，多得貴人的助力，而得以有令人稱羨的作為、表現與成就。在事業成就之後，要多為身體健康的調養，以免因飲食過於豐盛，以致會有高血壓、腦溢血之疾病。
七五五 金土土 八六六	一生多得眾人的助力而得以在課業成績、事業創建上，有著順遂如意的表現與成就。又此為土重穩固之象，因此凡事多堅持自己之理想與見解，不要隨意採信他人的意見與說帖，如此必可有長久穩固的事業與美滿的生活。
七五七 金土金 八六八	一生多得眾人的助力而得以在課業成績、事業創建上，有著順遂如意的表現與成就。又此為金旺剛硬之象，因此宜多培養懷柔之身段，不要有過於尖銳的言詞，如此必可有長久穩固的事業與美滿的生活。
七五九 金土水 八六〇	在中早運之前，雖可獲得成功的事業，但因根基不固、過於固執、脾氣剛硬，以致在中晚運之後，會因外在人、事、物的影響，或是自己過於剛硬的脾氣、不懂得圓融的處事行為，而導致失業敗財、家破人亡的絕境。

七七一 金金木 八八二	在中早運之前，雖可獲得成功的事業，但因根基不固、言詞尖銳，以致在中晚運之後，會因外在人、事、物的影響，或是自己過於的剛硬脾氣、不懂得圓融的處事行為，而導致失業敗財、家破人亡的絕境。易有腦溢血的疾病。
七七三 金金火 八八四	在中早運之前，雖可獲得成功的事業，但因根基不固、過於固執、脾氣剛硬，以致在中晚運之後，會因外在人、事、物的影響，或是自己過於暴躁的脾氣、不懂得三思而後行的處事行為，而導致失業敗財、家破人亡的絕境。
七七五 金金土 八八六	多得眾人的助力且廣獲人緣，彼此同心協力、志同道合，可以獲得很好的創業成功之機運，也終而能夠開創出一番非常成功的事業。唯須防因過於剛硬、剛愎自用的個性，而招致他人的反彈。易有腦溢血、風濕方面的疾病。
七七七 金金金 八八八	多得眾人的助力且廣獲人緣，彼此同心協力、志同道合，可以獲得很好的創業成功之機運，也終而能夠開創出一番非常成功的事業。須防因非常剛硬、剛愎自用的個性，而招致他人的反彈。易有腦溢血、風濕方面的疾病。

七七九 金金水 八八〇	多得眾人的助力且廣獲人緣，彼此同心協力、志同道合，可以獲得很好的創業成功的機運，也終而能夠開創出一番非常成功的事業。可再多培養謙沖為懷的柔德，如此事業必定是長久與穩固，生活也得以更見幸福與美滿。
七九一 金水木 八〇二	一生雖多得眾人的助力而得以在課業成績、事業創建上，有著順遂如意的表現與成就；但相對的也承受過多的壓力，以致於造成身心方面的苦悶、壓抑，因此務要堅持自己的理想與原則，如此必可有幸福與美滿的晚年生活。
七九三 金水火 八〇四	在中早運之前，雖可獲得成功的事業，但因根基不固、心性懦弱、意志不堅，以致在中晚運之後，會因外在人、事、物的影響，或是自己過於懦弱的脾氣、無法堅持與貫徹自己的理想，而導致失業敗財、家破人亡的絕境。
七九五 金水土 八〇六	在中早運之前，雖可獲得成功的事業，但因根基不固、心性懦弱、內心矛盾，以致在中晚運之後，會因外在人、事、物的影響，或是自己過於懦弱的脾氣、行事作為的反覆不定，而導致失業敗財、家破人亡的絕境。

七九七 金水金 八〇八	多得眾人的助力且廣獲人緣，彼此同心協力、志同道合，可以獲得很好的創業成功之機運，也終而能夠開創出一番非常成功的事業。宜多為心臟、風濕、呼吸系統等身體疾病的調養。
七九九 金水水 八〇〇	多得眾人的助力且廣獲人緣，彼此同心協力、志同道合，可以獲得很好的創業成功的機運，也終而能夠開創出一番非常成功的事業。宜多為心臟、腸胃潰瘍、呼吸系統等身體疾病的調養。
九一一 水木木 〇二二	多得眾人的助力且廣獲人緣，彼此同心協力、志同道合，可以獲得很好的創業成功的機運，也終而能夠開創出一番非常成功的事業。易有腰背受傷或酸軟無力的症狀。
九一三 水木火 〇二四	不管求學或就業、亦或經商創業，多得貴人的助力，而得以有令人稱羨的作為、表現與成就。在事業成就之後，除了要多熱心的參與公益活動外，也應多養成心性內斂的脾氣，不要有易怒、暴躁的言行舉動。

九一五 水木土 〇二六	在中早運之前，雖可獲得成功的事業，但因根基不固、脫離現實，以致在中晚運之後，會因外在人、事、物的影響，或是自己過於堅持完美的理想、無法與現實社會接軌，而導致失業敗財、家破人亡的絕境。
九一七 水木金 〇二八	在中早運之前，雖可獲得成功的事業，但因根基不固、脫離現實，以致在中晚運之後，會因外在人、事、物的影響，或是自己過於堅持完美的理想、行為處事的反覆不定，而導致失業敗財、家破人亡的絕境。
九一九 水木水 〇二〇	多得眾人的助力且廣獲人緣，彼此同心協力、志同道合，可以獲得很好的創業成功的機運，也終而能夠開創出一番非常成功的事業。易有腸胃潰瘍、心臟衰竭、腦神經衰弱的疾病。
九三一 水火木 〇四二	雖會獲得長輩、貴人的助力，但卻也充滿很多阻礙、變數與矛盾的情形，故一生的事業難有令人滿意的成就與獲利，家庭間也有家人爭吵、不和的情形。宜多善用他人的助力，以期能有更為良好的事業成就與獲利。

九三三 水火火 ○四四	前運不理想，會有體弱多病、膿瘡、皮膚病、自相矛盾的情形，但從中運以後，才得以漸漸的進入順境，事業也漸漸的平穩；此時唯有內斂心性、三思而後行的去奮發，才可以有一個安穩且平順的事業與生活。
九三五 水火土 ○四六	一生多成多敗，內心多見矛盾、自我衝擊的心境。事業難有成就可言，境遇也是多變不定，志向多逢阻撓，心志無法展現，常因懦弱、缺乏自信心，以致眾叛親離，晚年時多見孤苦無依的情景。易有口吃、泌尿系統的疾病。
九三七 水火金 ○四八	一生多成多敗，內心多見矛盾、自我衝擊的心境。事業難有成就可言，境遇也是多變不定，志向多逢阻撓，心志無法展現，常因懦弱、缺乏自信心，以致眾叛親離，晚年時多見孤苦無依之情景。易有白內障、腦溢血的疾病。
九三九 水火水 ○四○	一生多成多敗，內心多見矛盾、自我衝擊的心境。事業難有成就可言，境遇也是多變不定，志向多逢阻撓，心志無法展現，常因懦弱、缺乏自信心，以致眾叛親離，晚年時多見孤苦無依的情景。易有精神病、心臟衰竭的疾病。

九五一 水土木 〇六二	一生多成多敗，內心多見矛盾、自我衝擊的心境。事業難有成就可言，境遇也是多變不定，志向多逢阻撓，心志無法展現，常因懦弱、缺乏自信心，以致眾叛親離，晚年時多見孤苦無依之情景。易有腸胃炎、車禍受傷之災。
九五三 水土火 〇六四	一生多成多敗，內心多見矛盾、自我衝擊的心境。事業難有成就可言，境遇也是多變不定，志向多逢阻撓，心志無法展現，常因懦弱、缺乏自信心，以致眾叛親離，晚年時多見孤苦無依的情景。易有老人癡呆、心神喪失的疾病。
九五五 水土土 〇六六	前運不理想，會有體弱多病、自相矛盾的情形，但從中運以後，卻有時來運轉、驟發富貴的機運，憑其忠厚待人的精神、行事穩健的個性，終而建立起一個令人稱羨、穩固的事業與豐厚的獲利，也有一個幸福的晚年。
九五七 水土金 〇六八	前運不理想，會有體弱多病、自相矛盾的情形，但從中運以後，卻有時來運轉、驟發富貴的機運，憑其忠厚待人的精神、意志堅強的個性，終而建立起一個令人稱羨、穩固的事業與豐厚的獲利，也有一個幸福的晚年。

九五九 水土水 ○六○	一生多成多敗，內心多見矛盾、自我衝擊的心境。事業難有成就可言，境遇也是多變不定，志向多逢阻撓，心志無法展現，常因懦弱、冥頑不靈，以致眾叛親離，晚年時多見孤苦無依之情景。易有腸胃潰瘍的疾病。
九七一 金木木 ○八二	在中早運之前，雖可獲得成功的事業，但因根基不固、心性多變，以致在中晚運之後，會因外在人、事、物的影響，或是自己善變、無法堅持與貫徹既定的目標，而導致失業敗財、家破人亡的絕境。
九七三 水金火 ○八四	在中早運之前，雖可獲得成功的事業，但因根基不固、心思多慮，以致在中晚運之後，會因外在人、事、物的影響，或是自己多猜忌、無法完全的信任他人，而導致失業敗財、家破人亡的絕境。
九七五 水金土 ○八六	多得眾人的助力且廣獲人緣，彼此同心協力、志同道合，可以獲得很好的創業成功的機運，也終而能夠開創出一番非常成功的事業。易有腰背受傷或坐骨神經痛的疾病。

九七七 水金金 ○八八	多得眾人的助力且廣獲人緣，彼此同心協力、志同道合，可以獲得很好的創業成功之機運，也終而能夠開創出一番非常成功的事業。易有坐骨神經痛、風濕、偏頭痛的疾病。宜多培養謙沖為懷的柔軟身段。
九七九 水金水 ○八○	多得眾人的助力且廣獲人緣，彼此同心協力、志同道合，可以獲得很好的創業成功的機運，也終而能夠開創出一番非常成功的事業。易有心臟衰竭、攝護腺、腎臟病的疾病。宜多培養謙沖為懷的柔軟身段。
九九一 水水木 ○○二	多得眾人的助力且廣獲人緣，彼此同心協力、志同道合，可以獲得很好的創業成功的機運，也終而能夠開創出一番非常成功的事業。在事業成就後，要多惕勵自己，不要耽溺、迷失於事業成功的喜悅當中。
九九三 水水火 ○○四	在中早運之前，雖可獲得成功的事業，但因根基不固、喜怒無常，以致在中晚運之後，會因外在人、事、物的影響，或是自己個性多變、好投機取巧、用陰險狡詐的行事作為，而導致失業敗財、家破人亡的絕境。

九九五 水水土 ○○六	在中早運之前，雖可獲得成功的事業，但因根基不固、生性懦弱，以致在中晚運之後，會因外在人、事、物的影響，或是自己個性軟弱、聽信小人言、用陰險狡詐的行事作為，而導致失業敗財、家破人亡的絕境。
九九七 水水金 ○○八	多得眾人的助力且廣獲人緣，彼此同心協力、志同道合，可以獲得很好的創業成功之機運，也終而能夠開創出一番非常成功的事業。唯須防因過於陰險、狡詐多謀的個性，而招致他人的反彈，導致失業、敗財的境遇。
九九九 水水水 ○○○	多得眾人的助力且廣獲人緣，彼此同心協力、志同道合，可以獲得很好的創業成功之機運，也終而能夠開創出一番非常成功的事業。唯須防因過去耽溺在淫慾的色、食生活中，而招致他人的反彈，導致失業、敗財的境遇。

十、姓名三才之五行概論

姓名學的人、地、總格之三才，經常會出現相同的五行，而此種因相同五行同時出現的情形，對一個人的性格、行事作為等方面，會產生特別明顯的影響力，並且也由於五行各自屬性的不同，其發生的影響力也會有不一樣的表現行為。

人格	地格	總格	五行影響力之行為表現
木	木	木	性格溫和、平順，行事穩健且富有耐心與行動力。
火	火	火	脾氣較為急燥且沉不住氣，行事較衝動、又缺乏耐心與毅力。
土	土	土	擇善固執，缺乏通融性；對社會脈動的掌握，也缺乏敏感性。
金	金	金	個性甚為剛硬，有著一付臭脾氣；易遭受刀傷、舟車皮肉傷。
水	水	水	個性柔弱、心思細密，處事考慮周圓，但容易受到外在因素影響。

十一、姓名三才之五行陰陽分論

由於五行有著陰、陽之分，因此筆劃數也有著陰、陽之分，其個位數為單數者，如1、3、5、7、9等，即為陽數；為偶數者，如2、4、6、8、0等，即為陰數。

前章所述，僅是就五行對一個人所產生之影響力，為概略性的論述。本章乃是就三才相同的五行，就其陰、陽屬性之不同，對一個人的行事作為，所產生更為明顯的影響力，再進一步的分析與論述。

人格	地格	總格	五行陰陽影響力之行為表現
1	1	1	為木本植物、大森林之象。可獲得茂盛之容、長存之機，內含豐富的寶藏。有成功發達的機運，能獲眾人的助力而得以欣欣向榮的向上發展。心志高昂。
2	2	2	為草本植物，可得同儕的輔助而成功。處事身段柔軟，能夠掌握機會，會順著時代的脈絡乘勢而起。屬於風向型之特性。

人格	地格	總格	五行陰陽影響力之行為表現
3	3	3	有著如太陽般光芒的熱情，能秉持開朗、樂觀的心情去開創事業，故而得以早日達到成功、立業的成就。好與人競爭、具有技藝的才能。
4	4	4	太陰光照之象、如燈火之姿。由於稟賦之天性，故可用如母愛般之光輝、柔德去處世，必可獲得盛名與榮譽。為女性最適宜之數。
5	5	5	為高山、城牆之象。行事如泰山之穩重、高峰之聳立，一生的志向高昂與遠大，多受他人的敬仰，可獲得平順、安穩的事業與生活。
6	6	6	屬田園、泥土之象。地大廣袤無邊，可容納及培育萬事、萬物，故有著開闊、坦蕩的心胸。一生多能獲得他人的回饋之恩而得以揚名立萬。女性不宜。
7	7	7	有著剛硬的個性，行事講義氣、重然諾。凡事說做就做，不拖泥帶水，終而能夠克服重重阻礙而獲致成功的事業。女性不宜，恐對婚姻、子女不利。

人格	地格	總格	五行陰陽影響力之行為表現
8	8	8	如珠玉、寶石之質。行事秀氣、文雅，心性思考細密，有著剛中帶柔、不屈不撓的精神，也會考慮到他人的立場，故而能獲得他人的助力。
9	9	9	心性奔騰如大海之勢，朝著自己既定的目的地前進，一路勢如破竹般的克服萬難，終而獲致成功事業。心胸寬大，如大海之能容萬物。
0	0	0	富智慧、重謀略。行事柔中帶剛，縱使成功之路的前途遙遠，也都能憑其涓滴之水、滴水穿石的堅強毅力而成大功、立大業。

十二、公司及工廠、商店、行號、營業場所之命名

在人類的生活之中，我們對任何的人、事、物都會給予一個名稱，以做為各別身分、代表、項目的辨別。這其中有關「人」的依姓取名之方式，已論述於前面，現在要再來談論的則是有關「事」方面中的公司、工廠…等營業場所等的命名。

就姓名學而言，一個人姓名的好壞，既然會影響到一個人的運勢；同樣道理，代表一間公司、工廠…等營業場所之名稱的好壞，也一樣會對該公司、工廠…等營業場所產生吉凶否泰的影響。

至於公司、工廠…等營業場所，其名稱的取用標準，跟「人」的姓名取用之標準，雖然一樣都是以金、木、水、火、土之五行及八十一筆劃數的靈動數為準則，但因「人」與「事」的本質上還是有其極大的差異性，因此就公司、工廠…等營業場所等名稱的取用，也跟「人」之姓名的取用，有著不同的標準。

公司、工廠…等營業場所，其名稱的取用，一樣是以八十一筆劃數之靈動數及五行為準則，但其整個名稱的架構，只須區分為主格、從格及總格，即可；不必像「人」之姓名的取用，要區分為天格、人格、地格、外格及總格等五個部分。

不管是為有限公司、股份有限公司、企業有限公司、貿易股份有限公司…等，亦或是商店、行號、工廠、店鋪、工作坊、大賣場…等，任何一種營業事業，只須將要選取的名稱列在最上面，並以主格論之，其次再將公司、工廠、工作坊、大賣場…等營業場以從格論之，最後則將主格與從格的筆劃數相加後所得的總筆劃數，就以總格論之。

主格乃是該公司、工廠……等營業場要選取的主名，因此具有姓名學上文字的含意、內容與變化，可表現出該家公司、工廠…等營業場所的興盛、衰敗、強勢、疲弱、虛實、盈虧、目標、動機、方向…等的象徵；從格則是公司、工廠……等營業場所之類型的代表，這是屬於固定式之類型，雖然說較不具影響性、為被動性的型態，但因為姓名學乃是以筆劃數為吉凶之判斷，因此不同的公司、工廠……等營業場所之型態，也是會對主格名稱之選取，產生一定的影響力。

總格既為主格與從格之筆劃數的總合，因此一家公司、工廠……等營業場所的興盛、衰敗、強勢、疲弱、虛實、盈虧、目標、動機、方向…等情形，乃是以總格為重心、樞紐處。因此總格筆劃靈動數的吉凶好壞，乃是決定一家公司、工廠……等營業場之營運興盛、衰敗、獲利、虧損、成功、失敗…等的關鍵處。

至於公司、工廠……等營業場所，其名稱的取用，原則上有下列幾項須具備之要件：

1、總格筆劃靈動數所代表之五行，必須是負責人八字命局之主要喜用神的五行。

2、總格之五行必須能夠生扶、幫比該所要經營的事業。

3、主格筆劃數之五行若也是負責人八字命局喜用神之五行的話，則又更有錦上添花的效果。

4、總格之靈動數須為吉利筆劃數的數字。

5、選用之名字須文雅、不俗氣、不生澀，且必須符合經營事業的項目。

6、選用之名字須不具有暗諷之意，且必須不違反社會風俗、不違背公共道德。

公司、工廠……等營業場所，其名稱的取用，則可分為下述的數個類型：

一、公司之取用：

◎例一：

泓	9	21：主格	
森	12		
實	14	72：從格	
業	13		
股	10		
份	6		
有	6		
限	14		
公	4		
司	5		
	93		總格

總格93劃減去80劃，剩餘13劃，其靈動數為：「博學多才、多藝多能。為人富智謀奇略、反應靈巧，行事常見以柔克剛、以退為進，外表不會顯現出喜怒哀樂之情，內在也多能堅定意志、強於忍耐，憑藉著過人的智慧與才能，一心一意將事情處理得盡善盡美，到最後終能得人望、獲大功的成就大事業，也因而能夠享受榮華富貴之福份。唯在事業成就之後，絕對要多為內斂心性之修為，不可表現出自負、任性之行事作為，如此才得永久享受榮貴之福。」故知，這是一個吉利的公司名稱。

◎例二：

傑	12	19：主格
宏	7	
貿	12	65：從格
易	8	
股	10	
份	6	
有	6	
限	14	
公	4	
司	5	
	84	總格

總格84劃減去80劃，剩餘4劃，其靈動數為：「為萬物枯萎、衰竭之象，係一精神暗淡不明、凶變的大凶數。遇事困難、阻礙多見，常見凶禍、危機四伏，以致常引發人禍、凶災等自我滅亡之事生。為一破敗、滅絕、殘缺、困頓、蹇滯、病弱、發狂、放蕩、夭折之大凶數。本人唯有奮發圖強、積極努力向上，才得以造就出一個孝子、烈士、貞婦、怪傑、大英雄、大人物之機運。」故知，這是一個不吉利的公司名稱。

◎例三：

高	10	18：主格
昌	8	
股	10	45：從格
份	6	
有	6	
限	14	
公	4	
司	5	
	63	總格

總格63劃，靈動數為：「萬物化育、諸事順利如意之象。凡事多見進展順暢、事事如意，不須多費勞心、勞力，容易達成目標、容易獲致成功，而得以榮顯通達、子孫繁昌、自身富貴與長壽，乃福、祿、壽、喜俱全的大吉數。」故知，這是個吉利的公司名稱。

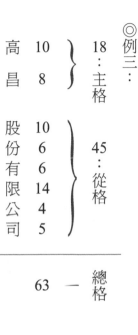

◎例四：

字	筆劃	
欣	8	20：主格
喬	12	
壽	14	80：從格
險	21	
股	10	
份	6	
有	6	
限	14	
公	4	
司	5	
	100 —	總格

總格100劃減去80劃，剩餘20劃，其靈動數為：「為破敗、夭壽之凶數。一生常見折磨受苦、事事難以順遂如意，災難常見一波未平、一波又起，前途可說是困難重重、災禍頻臨。不僅事業難成，也多見家族沒落、衰敗、親屬緣薄、婚姻破敗、喪偶、子女不幸、妻離子散、生計難繼等衰亡滅絕的困境。此數唯有不屈不撓、剛毅堅忍，並努力奮鬥不懈的去克服萬難，如此方有絕處逢生的機運。」

故知，這是一個不吉利的公司名稱。

◎例五：

字	劃	格
曜	18	29：主格
國	11	
投	8	98：從格
資	13	
顧	21	
問	11	
股	10	
份	6	
有	6	
限	14	
公	4	
司	5	
	127	總格

總格127劃減去80劃，剩餘47劃，其靈動數為：「為衣食豐足之吉象。一生衣祿豐隆、福壽綿長，凡事多見進可取、退可守，可自由自在的游刃於人際事物上而毫無阻礙，在事業上也可與人為合夥事業的經營，並也因而得以成就大事業。為一全家圓滿幸福、子孫富貴滿堂，家運吉祥隆昌、永享天倫之樂的大吉數。」故知，這是一個吉利的公司名稱。

◎例六：

字	劃數	
勵	17	34：主格
陽	17	
興	16	58：從格
業	13	
有	6	
限	14	
公	4	
司	5	
	92	總格

總格92劃減去80劃，剩餘12劃，其靈動數為：「為屈而不能伸之凶象。處事常有三心二意、意志薄弱而無法堅定信心、下定魄力的情形，一生無法安守本份，常想要插手、經營與本身不相干、或力有未逮之事情，以致遭逢失敗、一事無成。在中年以後則須更為謹慎行事，否則容易陷於沉淪困逆之境、孤苦貧窮之狀，也容易有多病體弱、早夭不壽、家族稀薄之凶象。因此凡事務宜安守本份、心性節制，如此也有可能發生絕處逢生的吉象。」故知，這是一個不吉利的公司名稱。

◎例七：

19：主格	威	9
	洲	10
98：從格	航	10
	海	11
	運	16
	輸	16
	股	10
	份	6
	有	6
	限	14
	公	4
	司	5
總格	—	117

總格117劃減去80劃，剩餘37劃，其靈動數為：「天生具有溫厚、忠實、權威、不畏不懼、不屈不撓的個性，為人處事誠懇、正直、有始有終，逢遇艱困之事也都能克服萬難、排除艱困般的去完成使命、達成目標，故一生運勢順暢通達，縱使身處困境，也總能吉人天相助、逢凶化吉。事業上若更能步步為營、按部就班而為，且多注重人和、人際關係之培養，避免有孤僻之傾向，則必可成就一番威權赫赫、富貴顯達的事業而享福。」故知，這是一個吉利的公司名稱。

二、行號、商店、店舖、工廠之取用：

◎例一：

中	4	19：主格
輝	15	
鐵	21	39：從格
工	3	
廠	15	
	58 —	總格

總格58劃，其靈動數為：「中早運之前必定多遭逢挫折、波瀾、阻滯、災厄、橫禍、敗業、破家等不幸之事，然而秉持著堅忍不拔、克服萬難的信心與行為，如此在中晚運之後，必定能如願的興家立業，開創出一番興盛的事業，也得以享受晚年遲來的富貴之福。」故知，這是一個吉凶參半的工廠名稱。

◎例二：

久	3	}	12：主格
信	9		
文	4	}	17：從格
具	7		
行	6		
	29	—	總格

總格29劃，其靈動數為：「乃龍得風雲、虎得雙翼般的吉慶之象。本人智謀俱全、志向遠大，在生活或工作上乃是精力旺盛、活動力強，有著無窮的遠大希望，在事業的開創上將是如龍得雲、如虎添翼般的披荊斬棘、勢如破竹，一生的運勢可說是扶搖直上、諸事順利而得以成就一番傲人的事業。唯須防有過多的貪取、過多的慾望與要求而自阻運勢、弄巧成拙。」故知，這是一個吉利的行號名稱。

◎例三：

嘉	14	25：主格
晟	11	
出	5	21：從格
版	8	
社	8	
	46 —	總格

總格46劃，其靈動數為：「為天羅地網、困惡終生之凶象。一生多見困苦災難、身衰體弱、病痛纏身、孤苦無依、遭受刑傷、受人凌辱、處境艱辛、意志薄弱等的人事際遇，以致走入歧途、終而鋃鐺入獄，而無法獲得成功的事業與幸福的人生。此數若能自立自強、意志堅定，行事多見圓融、多從善如流，平常多為行善積德的行舉，到最後也會有轉凶為吉、絕處逢生等獲至成功的幸運機會。」故知，這是一個不吉利的行號名稱。

◎例四：

字	劃數	格
玄	5	31：主格
德	15	
堂	11	
命	8	106：從格
理、	12	
堪	12	
輿	17	
教	11	
學	16	
及	4	
研	11	
究	7	
中	4	
心	4	
	137	— 總格

總格137劃減去80劃，剩餘57劃，其靈動數為：「如寒中梅花、雪中青松之景。有著剛毅穩健、堅忍不拔、魄力與信心超群的任事精神，猶如嚴寒中的松柏，能克服萬難如長青樹般的屹立不搖、如冰雪中的梅花盛開繁簇，最終必能開創一番大事業。為一榮華富貴、繁榮幸福的大吉數。」故知，這是一個吉利的營業場所名稱。

◎例五：

格	字	劃數
24：主格	大	3
	亨	7
	熊	14
57：從格	才	3
	藝	21
	安	6
	親	16
	班	11
總格	—	81

總格81劃，其靈動數為：「為還元之數，乃是最為吉祥、幸運之數。代表著名揚四海、富貴吉祥、福祿壽俱備，榮顯大尊大貴的大吉數。」故知，這是一個吉利的營業場所名稱。

◎例六：

字	劃數	格
十	2	8：主格
全	6	
綜	14	53：從格
合	6	
醫	18	
院	15	
	61	總格

總格61劃，其靈動數為：「名利雙收、富貴雙全之榮華與顯達的大吉數。然而因富貴與榮華這麼容易的獲得，也因而會很容易產生高傲、自負的心性與行為，以致會造成內外失和、家庭風波不斷、自身行為不檢的違逆倫常行為之出現，而自阻榮華富貴的運勢。所以在富貴榮華獲得之後，必須要多培養柔德、多修身養性、多謙虛待人、多謹言慎行，如此事業才可經營的長長久久，也得長長久久的享受與生帶來的榮貴福份。」故知，這是一個吉利的營業場所名稱。

◎例七：

大	3	7：主格
友	4	
網	14	48：從格
咖	8	
休	6	
閒	12	
中	4	
心	4	
	55	總格

總格55劃，其靈動數為：「五為中央集權之表徵，故為大吉之兆，而五上加五，乃為吉之重疊，猶如錦上添花的象徵，然而物極必反、吉之至極者必反為凶，為凶之始的徵兆。由表面觀之，乃是外觀華麗、氣勢昌盛，然而內在卻已隱伏災難困苦、辛酸淒涼、有志難伸、有苦難言的凶兆。為一表裡不一、外華內虛，諸事不順遂、不如意的情景；唯有具備不屈不撓、堅定意志的信念與行為，能夠忍受一切之災難與不幸，如此才得以安度中晚年之後的困苦與災厄，也才得以再有否極泰來的機運。」故知，這是一個吉凶參半的營業場所名稱。

◎例八：

喜	12	29：主格	
客	9		
來	8		
觀	27	57：從格	
光	6		
大	3		
飯	13		
店	8		
	86	—	總格

總格86劃減去80劃，剩餘6劃，其靈動數為：「洪福齊天、福若天賜，有萬寶吉祥同聚一處、福自天上來的喜慶，因而得以興家立業，一生安享富裕、家門吉慶之福。唯宜戒慎恐懼，以免因過盈而溢出、意志不堅而樂極生悲，以致無法享受到這大富大貴的吉福。因此應多為修身養性、謙虛為懷，多培養柔德懷人之性，如此一生的福德才得以穩固與深遠，本人終身也得安享餘慶。」故知，這是一個吉利的營業場所名稱。

◎例九：

青	8	21：主格
楠	13	
園	13	42：從格
藝	21	
所	8	
	63	總格

總格63劃，其靈動數為：「萬物化育、諸事順利如意之象。凡事多見進展順暢、事事如意，不須多費勞心、勞力，容易達成目標、容易獲致成功，而得以榮顯通達、子孫繁昌、自身富貴與長壽，乃福、祿、壽、喜俱全之大吉數。」故知，這是一個吉利的營業場所名稱。

十三、公司行號與筆劃數之歸屬

在現今社會上營運事業的類型，雖可說是千種百樣，且具有著多樣性與差異性，然而這些事業的本質也是脫離不了金、木、水、火、土的五行，因此將其屬性類似、材質相同的行業，總結的分門別類，也是可以歸納出如醫藥業、食品業、藝術業、服飾業、加工業…等等十來種的類型。

同樣的，在筆劃八十一靈動數中，雖每一個筆劃數各自都有其自己的含意與五行之屬性，但依其屬性與營運事業的搭配，其彼此間也是可以互通且具有關聯性的，而其彼此間的互屬關係，則可為如後的分類：

一、型態之分類：

1、武市性型態之流動數：7、8、17、18、23、25、31、33、37、39、47、52、67、68、81。

2、文職性型態之固定數：5、6、11、13、15、16、21、24、32、35、41、45、48、57、61、63、65、73。

二、性質之分類：

1、公司：52、63、65、67、68。
2、行：18、21、24、37、45、47。
3、號：24、31、37、45、47、52、61。
4、店：15、16、21、24、32、33、35。
5、廠：47、52、61、63、67、68。
6、飯店：24、31、41、52、63。
7、珠寶：31、35、37、47、48、52、57、65。
8、銀樓：37、39、47、52、54。

三、職業別之分類：

1、醫藥業：1、5、6、11、15、16、21、24、31、32、35、37、41、47、48、52、61、63。

2、文教業：11、15、16、21、23、24、25、31、32、35、37、39、41、45、47、48、52、61、63、68。

3、園藝業：11、13、15、21、23、24、31、32、33、35、39、41、45、48、52、61、63、68。

4、食品業：1、3、11、13、15、16、21、23、24、31、32、33、37、39、39、41、45、47、48、52、61、63、68。

5、餐飲業：3、13、15、16、21、23、24、25、31、32、33、35、37、41、45、52、61、63、65、68。

6、美容業：3、6、13、15、16、23、24、25、31、32、33、35、39、41、45、52、61、63、65。

7、服飾業：5、6、13、15、16、23、24、25、31、32、33、35、41、45、48、52、61、63、65、68。

8、化學業：11、13、16、17、21、23、31、33、37、39、41、45、47、52、57、63、67、68。

9、加工業：3、11、13、16、17、23、24、31、32、35、37、41、45、48、52、57、61、63、65、67、68。

10、製造業：3、11、13、17、18、21、23、24、31、33、37、41、45、48、52、57、65、67、68。

11、古玩業：11、13、17、18、21、23、24、25、31、32、33、35、37、41、45、47、48、52、57、65。

12、技術業：7、8、17、18、21、23、31、33、37、41、47、48、52、57、61、65。

13、金屬業：7、8、17、18、21、23、25、31、33、37、45、47、48、52、57、63、67、68。

14、珠寶業：7、8、17、18、21、23、24、25、31、37、39、41、47、48、52、57、63、65、67、68。

15、旅遊業：6、16、21、23、24、25、29、31、32、41、45、48、52、57、61、63、65、68。

16、藝術業：11、13、16、21、23、24、25、31、32、33、35、37、41、45、47、52、61、63、65、68。

17、服務業：6、7、8、16、21、23、24、25、29、31、32、41、45、48、52、57、61、63、65、68。

十四、公司行號所屬五行之分類

公司、行號、商店、工廠、服務業…等行業，就其所屬五行之屬性，可為如下的歸類：

1、五行屬「木」之行業：與木、植物、花材等有關的行業，如家具、合板、木器材、裝潢、園藝、盆栽、花草種植、插花花藝、牧草種植、竹器製品、茶葉、纖維加工、藤器製品、榻榻米、板模業、文具、書店、出版社、文化事業、補習班、才藝安親班、幼稚園、作家、教師、公務人員、政治人物、軍警司法人員、五術教學事業、宗教器物、書籍販賣、紙業、素食品加工、香料加工、木質布業、釀酒業、膠採集與製造、漢藥、中醫、西醫、護士、醫療事業、木產農作物。

2、五行屬「火」之行業：與能量、能源、塑化性、發熱性等有關的行業，如爆破人員、電力人員、火山探勘、金屬熔冶、煉鐵、鑄造、鍛造、燃料業、石油業、加油站、瓦斯業、工業酒精製造、核能、軍火、電纜線、太陽能電池、發電機、燈飾業、照相業、泡棉、保力龍製造、煙火業、半導體、印刷、電機維修、電器維修、食品業、餐飲業、自助餐、熱食業、塑化品製造業、理湯髮、美容業、美容師、化妝品、服飾業、百貨業、動物飼料業、肉產農作物、燒窯操作、垃圾焚燒處理。

3、五行屬「土」之行業：與土地利用、土石產品等有關的行業，如土木工程承包或製造業、營建業、採礦業、地質探勘、土地開發、石器加工、石板製造、陶瓷業、大理石產業、磚瓦製造、畜牧業、西藥製造、傳統味素製造、水泥業、柏油製造、道路舖設、橋樑工程、防水業、皮革業、雨具。

4、五行屬「金」之行業：與金融、金屬、銳利性等有關之行業，如財政、銀行、郵局、保險、信託、農會、合作社、證券、當舖、期貨買賣等數金融性業務的內勤人員；另外如金屬工業、五金器材、機械工業、運輸工具製造、電器製造、模具製造、銀樓珠寶業、鐘錶業、寶石鑑定、金飾加工、珠寶加工、金屬切割、鋸木業、綱製家具、綱製廚具、刀具。

5、五行屬「水」之行業：與水、液體、流動性、自由性、變化性、防火業等有關的行業，如大眾傳播、廣播人員、記者、演藝事業、服務業、自由業、外交人員、業務人員、進出口貿易事業郵差、司機、攤販、運動選手、民俗事業、清潔業、樂器、音響器材、電影、錄影帶、VCD、DVD租售、量販店、流通業、物流業、水族館、航海路空運輸業、航空工業、船運公司、路運事業、貨櫃公司、搬家業、鐵路公司、客運公司、遊覽公司、旅行業、導遊、大飯店、旅社、服務生、百貨公司、水產養殖業、水產加工、農產品販售、水產店、咖啡SHOP、PUB、舞廳、酒店、護膚業、冷凍與冷藏業、酒類販售、冷飲冰品業、飲料製造與販售、飲水業、洗衣店、消防事業、自來水業、排水工程、游泳事業、賞鯨豚、浮潛、水療SPA、下水道、水電安裝、電梯與電扶梯工程。

※以上為五行喜用行業的列舉代表，事實上以現今社會的高度發達，及事業體彼此間高度的互相依賴性，要將一個行業單純的劃分為單一種五行，有時候是很困難的。通常是一個行業會涵蓋數種五行的性質，這時候就須以相關的五行做為行業選擇的依據。例如以保險從業人員而言，公司的本質五行為金，若本人從事的是保險業務的拓展與承保時，則又屬於水的服務業性質，所以這時候就以金、水的五行合併做參考之選用。

學 優 登 仕 　 樂 殊 　 慕
兇 聚 觀 仕 清 宜 業 行 免
内 縣 京 棠 福 傳 信 德 内
薦 左 芸 基 陸 懷 　 景 慈
集 明 洛 初 寶 思 惟 　 心
心 階 邑 榮 映 若 良 　 裏
裏 儀 海 榮 松 臨 深 徒 念
念 某 靜 嚴 墜 深 得 詩 意
詩 意 陰 溫 嚴 廣 　 思 忠 蘭

十五、姓名學的字音五行

中文文字的唸法乃是以注音符號中的母音與子音拼起來，所得出的一個注音字，並跟據此注音字而為一個字、一個字的唸法，例如，「書」字是由母音的「ㄕ」與子音「ㄨ」合併而得出的一個注音字，我們就依此注音字而為「書」的這個字的唸法。

至於中文文字的母音與子音的注音符號則是共有37個，但依照各個注音發音法的不同，可將其歸類為唇音、牙音、舌音、喉音、齒音等五種，又此五種不同的發音法也各有其分屬不同的五行，這就是姓名學上字音五行的由來。

屬木之五行者為「牙音」：ㄍ、ㄎ、ㄏ。其特性為音質的硬度與柔軟度，乃適中、巧妙且溫柔親切，對於人類的感情很含蓄，不會有過於刺激或鬆懈的感覺，因此自然而然的生出了更多的親暱及寬厚仁慈的氣質。此外，又富有應變的機智能力、縱橫的才氣及慈愛和藹的態度，不會有冷酷、剛硬、無情的表現與行事作為。

天生具有熱情、喜積極奮鬥開創前途，有如二月春天般的百花漸開、萬物甦醒，具有著雄心壯志，縱使是女性也必是胸懷大志。此音在遠大的志向中暗藏著強烈的消極之觀念，因此在積極任事過程中，若遭遇到困難、阻礙時，會有灰心或退避的心態，到最後因心志的動搖而致有始無終、虎頭鼠尾般的收場。這是此音的缺點、致命傷，因此在創業過程中，若遭逢挫折時，絕對要堅定意志、積極的去克服困難，到最後必會有收獲到成功的豐盛之果實。

屬火之五行者為「舌音」：ㄉ、ㄊ、ㄋ、ㄌ。其特性為音質強烈且頑固、又好強，有如炎熱或爆炸般的赤爍，因而很自然的生出了更多的豪放性格與熱情的態度。積極燥進、勇猛剛強之氣質，又富有強烈的自尊心、重視面子，因此凡事都愛打腫臉充胖子般的裝飾門面；在行事作為上則是敢愛敢恨而不在意於世俗的眼光，所表現出來的積極行為與態度，有如五月仲夏般的那麼熱情。

為人識大體、有著豐富與敏銳的感情，喜歡交友、熱情且人緣好，這是其行為處事上的一大優點；然而卻因過於重視友誼的關係，以致在做事情時，常因人情義理之牽制，而無法盡情的去發揮能力、去將事情處得理完美，也因此而承受吃虧之損失。此外，愛逞強、喜出風頭，不見有堅持到底的耐性，尤其是在青年時期更顯現出血氣方剛的個性，乃是其行為處事的缺點，這是絕對要改進的地方。

屬土之五行者為「喉音」：ㄚ、ㄧ、ㄨ、ㄝ、ㄛ、ㄩ、ㄜ、ㄡ、ㄞ、ㄟ、ㄠ、ㄢ、ㄣ、ㄤ、ㄥ、ㄦ。其特性為音韻與發聲的變化較少，也較遲鈍與厚實；對於人類之性情而言，一如原始大地廣袤般的率直與呆板，所以很自然的就培養出更多淳實厚重的質感。

優點乃是為人守信正直、和藹可親，具雅量、行事又忠實正直，凡事都要求依照規矩行事，討厭偷雞摸狗、混水摸魚之行舉；缺點則是因過於堅守原則，以致顯現出呆板、不懂得進退應對之道，長久以來也因此養成消極又無強烈的進取心，對於人生觀略帶幾分悲觀或感傷的氣氛，喜歡守舊而排斥變化，貪圖物質之享受而厭惡體力的勞累，有如夏末、日落之景象。一生在三十歲到四十歲之間，若沒有奠下事業成功之基礎的話，往後就可能會一蹶不振。

屬金之五行者為「齒音」：ㄐ、ㄑ、ㄒ、ㄓ、ㄔ、ㄕ、ㄖ、ㄘ、ㄙ、ㄗ。其特性剛硬、激烈，殘酷且爭戰不息之聲調也。由於其音韻猶如猛烈又迅速磨擦金屬物般、或是鋼鐵金屬器物相擊打，亦或是鋼鋸斷鐵之聲，就像其軋轢而發出震慄之聲響一樣的刺耳，因此產生了急迫、爭戰好鬥、激烈貪進、勇猛力爭、堅決果斷等特性的表現。

與生具有著威嚴、鋼強、好爭戰的特質，在行事上則是勤奮追擊而又賞罰分明、勇猛善戰，平時雖沉默寡言，但卻有著優秀而又異於常人般敏銳的觀察力與洞析事理之能力，在事理的分析上則是理智又冷靜，與人交往則是重情重義、有恩必答、有仇必報般的愛恨極端分明。

在事業上若是經營武市，亦或為武職之軍警人員、司法官、檢察官等職業，都能夠有獲致成功的機會；然而因其個性過於剛硬、強勢，在事業的創建、開拓過程中，也容易得罪人於無形之中，因此他日一旦遭逢失敗之時，其下場也是甚為悲慘。優點是重情重義且恩怨分明，逢遇困難的事情時，則會剛毅果決、勇往直前的置生死於度外；缺點則是性情過於刻薄、愛恨過於極端分明，有恨必定回報，行事專橫好鬥又不相讓、頑強暴戾又兇悍、冷酷殘暴又好殺，時常與人起糾紛、爭執，無雅量又不通人情，經常得罪人、樹敵於無形之中等。

屬水之五行者為「唇音」：ㄅ、ㄆ、ㄇ、ㄈ。其特性為爽朗淡薄有如水聲般的清涼透徹，屬於含有極為強烈的清新感及活躍的氣息，兼又包含著含蓄之美的音調。

在行為處事時，有著溫柔似水、輕鬆愉快的行為表現，在自然中又包含有爽朗暢達、大智大慧、多才多能的特性。為人忠厚勤勉、奮鬥不懈、堅持到底，在平居生活上則是喜歡欣賞屬於藝術精神領域上的休閒活動，也因此在無形中散發著沉靜、謙讓、內斂及喜怒不形於色的外在表情。

其優點乃是有如冬天之象，萬物瑟縮深藏而胸懷玄機，處於靜如處子、動如脫兔般的狀態，一旦發動即有如江河之傾泄、萬馬之奔騰、黃河之浪濤，其勢如狂濤巨浪般的莫能抗禦，因而會對社會造成大變動、大是非的情況；其缺點則是因為過於信任別人、缺乏警戒心，而導致上當受騙、財物損失、失業敗產的結果。

◎姓名五音配屬五行速查表：

水：唇音	ㄅ、ㄆ、ㄇ、ㄈ。
金：齒音	ㄐ、ㄑ、ㄒ、ㄓ、ㄔ、ㄕ、ㄖ、ㄘ、ㄙ、ㄗ。
土：喉音	ㄚ、ㄧ、ㄨ、ㄝ、ㄛ、ㄩ、ㄜ、ㄡ、ㄞ、ㄟ、ㄠ、ㄢ、ㄣ、ㄤ、ㄥ、ㄦ。
火：舌音	ㄉ、ㄊ、ㄋ、ㄌ。
木：牙音	ㄍ、ㄎ、ㄏ。

十六、姓名筆劃數之算法

姓名學所注重的是姓氏與名字之筆劃數總和的靈動數，由於不同的筆劃數會產生不一樣吉凶否泰的靈動數，因此姓氏與名字各個字本身筆劃數的計算，就顯得相當的重要。故知筆劃數如果計算錯誤的話，則所產生靈動數之吉凶否泰就完全不一樣，同時也會影響到所要選取命名的結果。

就中文文字的架構而言，可說是非常複雜的一種字體，字體部首的寫法有刀型、水型、勾型、寶蓋型、拖型、撇型、甩拉型、月肉型、走字型、耳朵型……等等，不一而足。就是因為存在著有這麼多複雜的字型寫法，也因此有不少的字體，對其筆劃數之算法會讓人產生錯誤的計算結果。

至於普遍上大家比較會計算錯誤的文字部首及字體筆劃數，大概有如下的數種：

一、字體部首之筆劃數：

1、氵：水，四劃數。

2、忄：心，四劃數。

3、扌：手，四劃數。
4、犭：犬，四劃數。
5、灬：火，四劃數。
6、王：玉，五劃數。
7、礻：示，五劃數。
8、衤：衣，六劃數。
9、艹：艸，六劃數。
10、月：肉，六劃數。
11、辶：走，七劃數。
12、阝：在右旁為邑，七劃數。
13、阝：在左旁為阜，八劃數。

右述字體部首的筆劃數，都可以從每一本字典的「部首索引」篇中查出。

二、單字字體的筆劃數：

1、四劃數：丐、丏、互、切、弔、片、及、卞。

2、五劃數：世、冊、凹、凸、卯、孕、卡、奔、回、弘、出、匆、巧。

3、六劃數：虫、亥、印、臣、夷、考、亙。

4、七劃數：亞、卵、采、系、我、成、延、弟、步、走、孚、孜、妝、初。

5、八劃數：垂、冒、函、協、卦、兕、直、所、狀、孤、門、肋。

6、九劃數：韋、革、亮、美、奔、奎、咸、飛、幽、歪、拜、風、卻、軍。

7、十劃數：乘、哥、真、能、馬、鬥、高、荊、茲、釜、泰、秦、班、差、兼、骨、夏。

8、十一劃數：偉、啟、麥、焉、畢、眾、爽、望、牽、率、參、問、壺、區、專、術、兜、脩。

9、十二劃數：黃、視、象、報、傘、博、勝、黑、幾、尊、曾、壹、最。

10、十三劃數：會、肅、鼎、聖、愛、歲、幹、禽、嗇、亂、載、奧、微、農。

11、**十四劃數：**華、壽、蒙、鳳、鼻、辣、與、慈、兢、夢、膏、爾、舞、疑、聚、睿。

12、**十五劃數：**慮、齒、膚、靠、養、獎、樂、蝕、鋪、褒、郵、滕。

13、**十六劃數：**龍、達、叡、器、學、縣、興、辦、翰、融、奮、鄂、勳、禦。

14、**十七劃數：**幫、隆、臨、隸、舉、輿、聯、陽、營、雖、懇、鴻、應。

15、**十八劃數：**雙、豐、爵、叢、環、戴、歸、題、馥、襖、繡。

16、**十九劃數：**麗、繩、蟹、寶、贊、攀、疆、龐、嚮、辭、韻、繭、靡。

17、**二十劃數：**瀚、贏、馨、辮、黨、競、嚴、騰、朧、釋、耀。

18、**二十一劃數：**囂、魔、譽、辯。

19、**二十二劃數：**聽、響、龔、囊、懿。

20、**二十三劃數：**變、曆、黴。

21、**二十四劃數：**矗、鹽、蠶。

持念袤心集熏內兒渭
意莫儀階明左驟聚學
陛靜滿邑洛苔京觀優
篤時榮姜初基棠仕登
溫墜松映寶陸禍清興
嚴深臨若思懷傳宜樂
廣逐潔良惟子德業慕
得從徙緣景名行兒賢
情念袤心集熏內兒渭
意莫儀階明左驟聚棄
陛靜滿邑洛苔京觀學
篤時榮姜初基棠仕優
溫墜松映寶陸禍清陛
嚴深臨若思懷傳宜

十七、筆劃數的部首索引

中文文字雖說是由象形文字演變而成，但歷經數千年的演變，大體上而言，已經脫離原來構成字體的形狀，目前所使用的文字已經是由一橫、一豎、一鉤、一撇⋯等筆劃數所構成。因此就現今文字的歸類，則是以每一個字的「部首」為主，而「部首」又因其種類的不同，也有不同的筆劃數，至於其筆劃數大抵可分為十七種筆劃數。

筆者今就「部首」的筆劃數詳列於後，以便讀者查詢單字時之參考依據：

一劃數：一、丨、丶、丿、乙、乚、亅。

二劃數：二、亠、人、儿、入、八、冂、冖、冫、几、凵、刀、刂、力、勹、匕、匚、匸、十、卜、卩、㔾、厂、厶、又。

三劃數：口、囗、土、士、夂、夊、大、女、宀、寸、小、尢、尸、屮、山、巛、川、工、己、巾、干、幺、广、廴、廾、弋、弓、彐、彑、彡、彳。

四劃數：心、忄、戈、戶、手、扌、支、攴、攵、文、斗、斤、方、无、日、曰、月、木、欠、止、歹、殳、毋、母、毌、比、毛、氏、气、水、氵、火、灬、爪、爫、父、爻、爿、片、牙、牛、牜、犬、犭。

五劃數：玄、玉、王、瓜、瓦、甘、生、用、田、疋、𤴔、疒、癶、白、皿、目、矛、矢、石、示、内、禾、穴、立、罒。

六劃數：竹、米、糸、缶、网、羊、羽、老、而、耒、耳、聿、肉（月）、臣、自、至、臼、舌、舛、舟、艮、色、艸（艹）、虍、虫、血、行、衣、衤、襾、西。

七劃數：見、角、言、谷、豆、豕、豸、貝、赤、走、足、身、車、辛、辰、辵、辶、邑（右阝）、酉、釆、里。

八劃數：金、長、門、阜（左阝）、隶、隹、雨、青、非。

九劃數：面、革、韋、韭、音、頁、風、飛、食、首、香。

十劃數：馬、骨、高、髟、鬥、鬯、鬼、鬲。

十一劃數：魚、鳥、鹵、鹿、麥、麻。

十二劃數：黃、黍、黑、黹。

十三劃數：黽、鼎、鼓、鼠。

十四劃數：鼻、齊。

十五劃數：齒。

十六劃數：龍、龜。

十七劃數：龠。

十八、百家姓的筆劃數

姓氏是姓名學的根基、選取名字的依據點，這是因為每一個姓氏各有其自己的筆劃數，由於姓氏筆劃數的不同，名字的選取就會有不一樣的結果。至於百家姓中普遍常用的姓氏，其筆劃數則是從二劃數到二十三劃數，可為如後述之歸類：

二劃數：丁、卜、刀、七、乃。

三劃數：千、于、干、山、上。

四劃數：王、方、尤、孔、文、牛、尹、毛、卞、元、亢、支、水、井、巴、仇、公、戈。

五劃數：古、甘、史、白、田、申、包、石、丘、皮、平、左、冉、巧、右、央、丙、令。

六劃數：朱、任、伊、安、米、伏、全、戎、牟、百、仲、再、同、危、吉、年、向、伍、后、朴。

七劃數：宋、江、李、吳、何、杜、呂、貝、佘、余、車、巫、成、谷、池、利、岑、赤、辛、伸、甫、汝、杞。

八劃數：林、金、官、孟、周、汪、岳、易、宗、卓、宓、沈、屈、杭、牧、武、幸、居、艾、盂、狄、季。

九劃數：柯、段、柳、封、紀、姚、查、侯、施、俞、柏、翠、秋、韋、狐、姬、紅、禹、皇、咸、風、姜、柴。

十劃數：唐、袁、翁、夏、秦、倪、徐、高、孫、洪、花、席、凌、烏、班、宮、耿、貢、殷、桂、馬、家、祝、芳、晉、祖、君、豹。

十一劃數：張、許、康、商、范、曹、苗、胡、崔、寇、梅、邢、麥、章、尉、那、粘、從、崖、強、常、戚、麻、茅、茆、婁、紫、涂。

十二劃數：黃、彭、曾、邵、邱、阮、傅、閔、荊、堵、荀、富、舒、費、馮、焦、喻、賀、童、喬、項、程、超、邴、辜、景、雲、盛。

十三劃數：游、湯、溫、楊、詹、賈、楚、路、雍、雷、虞、莫、農、莊、齊、裘、郁、甄、廉、甯、雋、解、湛、塗。

十四劃數：廖、連、熊、華、赫、閭、管、榮、郝、趙、臧、褚、郤、郗、郢、郟、裴、郎、鳳。

十五劃數：郭、劉、歐、葉、董、魯、葛、萬、談、黎、樊、樂、厲、滿、院。

十六劃數：陳、賴、潘、駱、陸、陶、盧、鮑、閻、錢、龍、霍、穆、鄂、諸、衛、蒙、蓋、蒲。

十七劃數：謝、蔡、鄒、蔣、陽、蔚、韓、鍾、館、隆、應、糠。

十八劃數：顏、魏、簡、戴、聶、闕、儲、薄、鄞、豐。

十九劃數：蕭、鄭、鄧、譚、薛、羅、龐、關。

二十劃數：嚴、鐘、藍、釋、竇。

二十一劃數：巍、顧、饒、瓏。

二十二劃數：龔、蘇、權、藺。

二十三劃數：欒。

十九、名字的筆劃數與五行歸屬

一劃數：一土、乙土。

二劃數：二火、七金、丁火、八水、人金、刀火、了火、力火、卜水、十金、入金、九木、又土、乃火、几水。

三劃數：三金、下金、上金、丈金、万土、个木、丸土、久金、乞金、么土、乇金、也土、于土、亡土、兀土、凡水、刃金、勺金、千金、叉金、口木、土火、士金、夕金、大火、女火、子金、孑金、孓金、寸金、小金、山金、川金、工木、己金、已土、巳金、巾金、干金、弋土、弓金、才金。

四劃數：丐木、丑火、不水、丏水、中火、天火、丰水、丹火、之火、予水、云土、五土、互木、亢金、凶金、刈土、切金、分水、办水、匀土、化木、区金、匹水、午土、升金、卞水、厄土、双金、反水、友土、及金、收金、壬金、夬木、太火、天火、夫水、夭土、矢金、孔木、少金、尤土、尹土、尺金、屯火、巴水、市金、幻木、弌土、引土、弔火、心金、戈木、戶木、手金、支金、文土、斗火、斤金、方水、无土、旡金、日金、曰土、月土、木水、欠金、止金、歹火、毋土、比水、毛水、氏金、水金、火木、爪金、父水、爻土、片水、牙土、牛火、犬金、王土。

五劃數：

丘金、且金、世金、丕水、丙水、主金、丼金、乎水、乍金、乏水、以土、仡土、仔金、仕金、仗金、仞金、仙金、仟金、他火、代火、付水、令火、仪土、兄金、充金、冊金、冉金、回木、冬火、江金、凹土、出金、凸火、刊木、加金、功木、匆金、包水、匈金、北水、匜土、匝金、卉木、半水、占金、卡木、卮金、可木、叶金、句金、古母、叼火、叩木、号木、司金、史金、只金、叱金、召金、台火、叮火、叨火、叵水、叭水、右土、另火、叫金、四金、囚金、囙土、処金、外土、央土、夯木、失金、本水、头火、奶火、奴火、孕土、它火、宁金、宂金、尔土、尼火、巧金、左金、巨金、市金、布水、平水、幼土、弁水、弍土、弘木、弗水、必水、忉火、戊土、扎金、斥金、旦火、札金、朮金、末水、未土、正金、母水、氐火、民水、永土、氷水、玄金、玉土、瓜木、瓦土、甘木、生金、用土、甩金、田火、甲金、申金、由土、疋水、白水、皮水、皿水、目水、矛水、矢金、石金、示金、禾木、穴金、立火。

六劃數：

丞金、丟火、乒水、乓水、乩金、争金、亙木、亘金、亦土、亥木、交金、

伊土、价金、会木、企金、伎金、休金、伋金、仰土、仵土、件金、伉木、

仲金、任金、伐水、仳水、伏水、份水、伈金、仔土、伙木、伕水、兇金、

光木、充金、先金、兆金、全金、共木、再金、冱木、冲金、决金、冰水、

刑金、划木、刖土、刎土、列火、劣火、劦金、匈金、匡木、匠金、匟木、

卍土、卐土、奔水、印土、危土、厍土、各木、吉金、吃金、吸金、叫金、

吁金、向金、后木、合木、吒金、吊火、吐火、吋金、同火、吆土、名水、

吏火、吓金、因土、回木、囟金、团火、囡火、圮水、圯土、圩土、圭木、

在金、地火、圳金、夙金、多火、夷土、夸木、奸金、好木、如金、妁金、

妃水、妄土、她火、字金、式金、弛金、忉火、戌金、戎金、戍金、成金、

扔金、打火、扒水、扑水、收金、齐金、旭金、旨金、旬金、早金、旮木、

旯火、曳土、曲金、有土、机金、朽金、朹金、朱金、朵火、朳水、朴水、

朶火、次金、此金、死金、氘火、氖火、求金、氿木、汁金、汀火、氾水、

灰木、灯火、牝水、牟水、犰金、犯水、百水、礼火、穵土、竹金、米水、

缶水、羊上、羽土、老火、考木、而土、耒火、耳土、聿土、肉金、臣金、自金、至金、臼金、舌金、艮木、舟金、舛金、色金、虫金、血金、行金、衣土、西金。

七劃數：

兩火、串金、乱火、亜土、些金、亨木、佤土、位土、佚土、何木、伽金、攸土、估木、佝木、佐金、作金、伺金、佌水、似金、你火、住金、伸金、佗火、但火、佇金、低火、佔金、佃火、佡金、佞火、伯水、伴水、佈水、佑土、余土、伶火、佛水、佊水、佀金、伾水、佣土、佘金、佟火、佉金、伲火、克木、兌火、免水、兵水、冶土、冷火、况木、删金、初金、判水、別水、利火、刨水、劫金、刧金、刦金、劬金、助金、卲金、努火、匣金、医土、却金、卲金、即金、卵火、呀土、吡土、含木、吟土、听火、君金、吾土、吳土、吭木、吼木、吽木、告木、吵金、吹金、吮金、呈金、吶火、吞火、吠水、否水、呎金、吩水、吻土、呃土、呆火、吱金、呂火、吝火、吧水、吸金、呌金、困木、囤火、囫木、囪金、园土、坎木、圻金、圾金、均金、坑木、坐金、址木、坍火、坏水、坂水、坋水、坌水、坊水、坚金、

块木、坆水、声金、壯金、夆水、夾金、妓金、妝金、妥火、妊金、妣水、
妨水、妙水、好土、妖土、妞火、妉火、妒火、妗金、孝金、孜金、孛水、
孚水、孛金、完土、宏木、宋金、寿金、尪土、尨水、局金、尿火、屁水、
尾土、岈金、岐金、岌金、岑金、岔金、岊金、巡金、巫土、巠金、希金、
帋金、帊水、序金、床金、庇水、延土、廷火、弄火、弃金、弟火、形金、
彤火、彣土、役土、伀金、彷水、忌金、志金、忒火、忐火、忑火、忘土、
忍金、忖金、忙水、忏木、我土、戒金、成金、扞木、扛木、扣木、托火、
扦金、改木、攻木、攸土、孛金、旱木、旰木、旴金、杇土、杆木、杞金、
杏金、杠木、材金、杉金、杓金、杖金、条火、村金、杜火、李火、步水、
每水、氚金、污土、汉金、池金、汎水、汐金、汗木、汝金、汞木、汜金、
江金、汔金、汕金、汛金、汙土、尘火、灸金、災金、灼金、灾金、灵火、
灶金、牡水、牢火、牣金、牠火、犵金、玎火、玏火、甫水、甬土、男火、
町火、甸火、疔火、皀金、盯火、矣土、矴火、礽金、私金、秀金、秃火、
究金、系金、罕木、肊土、臣金、良火、虬金、見金、角金、言土、谷木、

豆火、貝水、赤金、走金、足金、身金、車金、辛金、辰金、邑土、酉土、里火。

（註：肊土—「肉」部首。）

八劃數：並水、丽火、乖木、乳金、事金、亞土、享金、京金、依土、佾土、佳金、佩水、佯土、佻火、使金、侃木、佶金、來火、侈金、侔水、例火、侍金、侏金、侑土、侂金、供木、侉木、佴土、佼金、侖火、侗火、佬火、佰水、併水、侄金、佺金、佝金、侐金、侗木、兕金、兔火、兒土、兩火、其金、具金、典火、冽火、凭水、函木、刮木、到火、刳木、制金、刷金、刺金、刻木、剁火、券金、剎金、劾木、効金、匊金、匋火、協金、卒金、卓金、卑水、卦木、卹金、卷金、卸金、厓土、参金、取金、受金、叔金、呢火、呦土、周金、咒金、呱土、呵木、呻金、呼木、命水、呸水、咄火、咆水、和木、咎金、咂金、咀金、咈水、咋金、咖木、咐水、咕木、咚火、呷金、咏土、呲水、呐金、困金、囹火、固木、坡水、坤木、坦火、坰金、坫火、坷木、坳土、坼金、垂金、坪水、坯水、垃火、坱土、坵金、坨火、夜土、

奄土、奇金、奈火、奉水、奔水、妯金、妲火、妹水、妻金、妾金、姁金、
姆水、姊金、始金、姍金、妳火、姐金、姑木、姒金、姓金、委土、姏金、
妮火、妒火、姌金、季金、孥火、孟水、孤木、孢水、宛土、官木、宜土、
宗金、宙金、定火、宕火、宓水、宝水、尚金、屆金、居金、屈金、屜火、
岡木、岣木、岫金、岱火、岳土、岵木、岷水、岸土、岬金、岧土、岩土、
岠金、岦火、坵金、岰土、帑火、帔水、帖火、帘火、帚金、帛水、帕水、
帓水、幸金、庚木、底火、店火、庖水、延土、弦金、弧木、弩火、往土、
彼水、征金、徂金、彿水、忽木、忠金、忝火、念火、忞水、忿水、快木、
忡金、忤土、忮金、忱金、忸火、忪金、戕金、戔金、或木、所金、房水、
戾火、戽木、承金、扴水、扭火、扱金、扶水、批水、扼土、技金、扙土、
抉金、把水、抑土、抒金、抓金、抔水、投火、抖火、抗木、折金、扮水、
找金、抄金、扯金、抵金、抗土、放水、政金、攽水、斧水、於土、旺土、
旻水、昂土、昃金、昆木、昇金、昉水、昊木、昌金、明火、昏木、易土、
昔金、昕金、昀土、服水、朋水、杭木、杪水、杯水、東火、杳土、杵金、

松金、杍金、板水、枉土、析金、枒土、枕金、林火、枘金、枚水、果木、
枝金、枇水、枋水、杻金、抖火、杷水、杰金、欣金、岐金、武土、歿水、
毒火、氓水、杳火、汨水、汪土、汰火、汲金、汶土、決金、汾水、沁金、
沂土、沃土、沅土、沈金、沌火、沐水、沒水、沖金、沙金、沛水、沚金、
汭金、汴水、沆木、沇土、沏金、汽金、沕土、沍木、汹金、炊金、炎土、
炒金、炔木、炕木、炙金、炅金、炖火、炘金、炆土、采金、爬水、爭金、
爸水、牀金、版水、物土、牧水、狀金、狂木、狄火、玖金、玕木、玓火、
玘金、畀水、疙木、疝金、的火、盱金、直金、盲水、知金、矻木、矽金、
祁金、祀金、社金、祈金、秉水、季金、秈金、穹金、空木、竺金、糾金、
罔土、羌金、者金、町火、肌金、肋火、臥土、臾土、舍金、艾土、芳火、
虎木、虹火、虱金、軋木、阜水、金金、長金、門水、雨土、青金、非水。

（註：服水、朋水—「月」部首；肌金、肋火—「肉」部首。）

九劃數：

並水、亟金、亭火、亮火、亱土、京金、侮土、侯木、侵金、侶火、便水、
係金、促金、俄火、俅金、俊金、俎金、俘水、俚火、保水、俟金、俠金、

信金、俐火、偈金、俞土、俌水、侹火、俥金、兗土、冑金、冒水、冠木、
凂水、則金、削金、剋木、剌火、前金、剃火、剄金、剉金、勁金、敕金、
勉水、勃水、勇土、匍水、匽土、南火、卑水、卻金、厚木、厖水、厘火、
叙金、叚金、叛水、哀土、哇土、哏木、咤金、咥金、咨金、咬火、哉金、
咮金、咸金、咽土、咿土、品水、哂金、哆水、咡土、咯火、咦火、咳木、
咺金、咻金、哄木、咪水、咱金、哈木、咭金、唉土、哞水、咩水、咣木、
呰金、型金、垓木、垝木、垢木、垣土、垤火、垞金、垈水、垮木、垜火、
垕木、垚土、垍金、垟土、城金、复水、奎木、奏金、奐木、契金、奔水、
奕土、奊金、姹金、姚土、姜金、姝金、姣金、姤木、姥火、姦金、姨土、
姪金、姸土、姺金、姻土、姿金、威土、娃土、姱木、姮木、姽木、姘水、
姙金、孩木、孤木、客木、宦木、室金、宣金、宥土、封水、屋土、屍金、
屎金、屏水、屌火、峋金、峒火、峙金、峍火、峛火、峇火、巷金、帝火、
帥金、帢金、帤金、帣金、幽土、庠金、度火、廻木、建金、弈土、奕土、
弇土、弭水、彖火、彥土、形金、待火、徇金、很木、徉土、徊木、律火、

候木、怨土、急金、思金、怎金、怱金、怠金、怒火、怍金、怏土、怕水、
怖水、怗火、怙木、怛火、怡土、怦水、性金、怪木、怩火、佛水、怯金、
怵金、怜火、怔金、怊金、怚金、扁水、拜水、拏火、披水、抱水、扶金、
抵火、抹水、押土、拎火、抽金、拂水、拄金、拇水、拈火、拉火、拊水、
拋水、拌水、拍水、拐金、拒金、拓火、拔水、拖火、拗土、拘金、拙金、
拚水、招金、抨水、拆金、抿水、抬火、抮金、故木、政金、斫金、施金、
旆水、既金、星金、映土、春金、昧水、昨金、昭金、是金、昴水、衵金、
昱土、昡金、曷木、朏水、柿金、枯木、枰水、枳金、枵金、枴木、架金、
枷金、枸木、枹水、柄水、柎水、柏水、某水、柑木、柳火、染金、柔金、
柘金、柙金、柚土、柝火、柢火、查金、柩金、柬金、柯木、柱金、枻土、
柒金、柶金、柜木、柵金、柮火、柷金、柈水、柟火、柂土、柣金、歪土、
殃土、殄火、殂金、殆火、段火、毖水、毗水、毘水、毡金、氟水、氡火、
泉金、泵水、沫水、沮金、沱火、河水、沴火、沸水、油土、治金、沼金、
沽木、沾金、沿土、況金、泂金、泄金、泗金、泊水、泓木、泐火、泔木、

法水、泗金、泚金、泛水、泡水、波水、泣金、泥火、注金、泫金、泮水、
泯水、泰火、泱土、泳土、泌水、泬金、泧土、泪火、炫金、炬金、炭火、
炮水、炯金、炱火、炳水、炷金、炰水、炸金、点火、為土、烀木、炟火、
炤金、爰土、牁木、牯木、牲金、牴火、牮火、狎金、狐木、狒水、狗木、
狙金、狉水、狌金、狍水、玅水、玠金、玦金、玩土、玫水、玢水、玟土、
玨金、玥土、玞水、环木、瓮水、瓫土、甚金、甭水、畏土、界金、畇土、
畋火、畎金、畈水、疫土、疥金、疤水、疣土、疢金、癸木、皆金、皇木、
皈木、盈土、盅金、盆水、盃水、盇火、看木、相金、直金、盼水、盾火、
省金、眇水、眈火、眉水、盻金、眄水、眊水、盹火、矜金、矧金、矦木、
砉木、砌金、砑土、砒水、砍木、砂金、砄金、祈金、祇金、祉金、祆金、
祅土、祊水、禹土、禺土、科木、秋金、秒水、秔木、秏木、秕水、秖金、
种金、秐土、穿金、突火、窀金、穾土、穽金、窃金、竑木、竿木、竽土、
籼金、籽金、籸金、敉火、紀金、紂金、紃金、約土、紅木、紆土、紇木、
紈土、纫金、缸木、美水、羿土、者金、耇木、耍金、耐火、耑金、耔金、

耶土、耷土、肝木、肛木、盲水、肖金、育土、肘金、肚火、肐木、肜金、致金、臾土、舢金、芃水、芄土、艿火、芋土、芍金、芑金、芒水、芎金、芊金、芏土、虐火、虹木、虺木、虷木、虴水、虸金、衂火、衁木、衍土、表水、衫金、衩金、衪土、要土、觔金、計金、訂火、訃水、訇木、訒金、訉金、貞金、赳金、赴水、趴水、軌木、軍金、酋金、酊火、重金、釔土、釓木、門金、面水、革木、韋土、音土、頁土、風水、飛水、食金、首金、香金。

（註：朏水——「月」部首；肝木、肛木、盲水……——「肉」部首。）

十劃數：

乘金、毫水、倚土、俺火、修金、俯水、俱金、俳水、俸水、俾水、倀金、倅金、併水、倆火、倉金、倍水、個木、倒火、倔金、倢金、倖金、候木、倜火、借金、值金、倦金、倨金、倩金、倪火、倫火、倭土、倓火、倘火、倞金、倡金、倥木、倬金、俵水、們水、倌木、喪金、倈火、倣水、倧金、兼金、冤土、冢金、冥水、冦木、准金、凄金、凂水、凋火、凌火、凍火、清金、涼火、凇金、剔火、剖水、剗金、剚金、剛木、剜土、剝水、剞金、

剟火、剒金、剡土、荆水、勍金、勑金、勐水、匪水、匿火、卿金、原土、
厝金、叟金、員土、哥木、哦土、哨金、哭牧、咩水、唚金、哮金、唔土、
哲金、哺水、哽木、哿木、唁土、唄水、唆金、唉土、唏金、唐火、㖖火、
哩火、哼木、唕金、哪火、唈土、唊金、唗火、唇金、唷土、圃水、圄土、
圂木、埃土、埋水、埒火、埂木、埆金、埔水、埕金、埏土、埍土、垾火、
夏金、奚金、奘金、套火、姬金、娉水、娑金、娓土、娘火、娌火、娛土、
娜火、娟金、娠金、娣火、娥土、娖金、娩水、孫金、孬火、宧土、宮木、
宰金、害火、宴土、宵金、家金、宸金、容金、宬金、宭金、射金、剋木、
屘火、屐金、屑金、展金、峨土、峭金、峰水、峯水、峻金、峽金、峪土、
峴金、島火、崁木、峬水、師金、帩金、席金、座金、庫木、庭火、弱金、
弰金、徐金、徒火、徑金、恂金、恃金、恆木、恌火、恓金、恐木、恔金、
恕金、恙土、恚木、恝金、恢木、恣金、恤金、恨木、恩土、恪木、恫火、
恬火、恭木、息金、恰金、恇金、恍木、恟金、恒木、恛木、恀金、恜金、
恅火、戙火、扇金、扅土、扆土、括木、拭金、拮金、拯金、拱木、拳金、

拾金、持金、挂木、指金、挈金、按土、挑火、拶金、拷木、拽金、拴金、
挖土、拿火、挐火、挌木、挍金、拕金、挃金、效金、敉水、料火、旁水、
旂金、旄水、旅火、既金、晏土、曽金、晃木、晁金、晌金、暄金、晟金、
晒金、晐木、書金、朔金、朕金、朒火、朓火、柴金、栓金、栗火、校金、
栝木、栩金、株金、核木、根木、格木、栽金、桀金、桁木、桂木、桃火、
桄木、桅土、案土、桎金、桐火、桑金、桓木、桔金、栲金、栳火、栴金、
栵火、框木、桌金、栟金、栱木、桉土、梳金、栢水、栿水、栒金、栫金、
栙金、欬木、殊金、殉金、殷土、毧金、毨金、氣金、氤土、氧土、氦木、
氨土、洄木、洋土、洎金、洙金、洚土、洛火、洞火、津金、洧土、洫金、
洲金、洶金、洸木、洹木、活木、洽金、派水、洿土、流火、洵金、洊金、
洌火、洗金、洒金、洩金、洮火、洱土、洳土、洼土、洑水、洏土、洁金、
洣水、洤金、烈火、烋金、烏土、烘木、烙火、烝金、烊土、烜金、烤木、
烔火、烟土、爹火、牂金、特火、牷金、牸金、狠木、狡金、狩金、狫火、
羢金、独火、茲金、玪火、玳火、玷火、玻水、珀水、珂木、珈金、珉水、

珊金、珍金、珅金、珎金、珏金、瓞火、瓟水、瓠木、瓴火、甡金、畔水、
畟金、畛金、畜金、畝水、留火、畚水、疲水、疴土、疵金、疸火、疹金、
疼火、疽金、疾金、痂金、病水、痃金、症金、疰金、痄金、痀金、痏木、
疻金、疿水、疱水、疤火、皋木、皰水、益土、盍木、盉木、盌土、盎土、
盋水、眙土、眚金、真金、眠水、眢土、眩金、眨金、眛水、眥金、看木、
眧金、眕金、矩金、砷金、砥火、砭水、砝水、砮火、砰水、破水、砠金、
砧金、砢木、砸金、砲水、砅水、砟金、砼火、砬火、祕水、祔水、祐土、
祓水、祖金、祚金、祜水、祝金、祗金、神金、祟金、祠金、祏金、祛金、
租金、秣水、秠水、秤金、秦金、秩金、秧土、秫金、秬金、秘水、窅土、
窈土、窄金、窆水、窊土、站金、竚金、竝水、琵水、笆水、笊金、笏木、
笈金、笑金、笄金、粉水、粑水、粇木、粃水、紊土、紋土、納火、紐火、
紓金、純金、衿金、紕水、紘木、紗金、紙金、級金、紛水、紜土、紝金、
素金、紡水、索金、紞火、紮金、紖金、缺金、罘水、罡木、罟木、罛木、
羔木、羓水、翁土、翅金、耆金、耄水、耘土、耕木、耙水、耗木、耿木、

耽火、聃木、恥金、股木、肢金、肥水、肩金、肫金、肯木、肴土、肺水、
肱木、肮木、胼金、致金、舀土、舐金、舡木、般水、舫水、舯金、舨水、
芙水、芝金、苫金、芥金、芩金、芪金、笈金、芬水、芭水、芮金、芰金、
花水、芳水、芷金、芸土、芻金、芽土、芾水、芼水、芡金、芫土、芯金、
茅金、芹金、芚火、笋土、芴土、苊土、虔金、蚊土、蚌水、蚤金、蚨水、
蚩金、蚡水、蚪火、蚋金、蚄水、蚓土、蚣木、蚘木、蚒火、蚧水、衰金、
衲火、衷金、衽金、衾金、衿金、袁土、袂水、衹金、袄水、衱金、衮木、
袄土、訊金、訌木、討火、訏金、訐金、訑土、訓金、訕金、訖金、託火、
記金、豈金、豹水、豺金、豻木、財金、貢木、貤土、貣火、起金、赸金、
赶木、趵水、躬木、軏土、軒金、軔金、軓水、辱金、辻土、迄金、迅金、
池土、迁金、迣金、邕土、邗木、邛金、邦土、邙水、酌金、配水、酎金、
酒金、酐木、釗金、針金、釘火、釜水、釙水、釕火、閃金、隼金、隻金、
肌金、馬水、骨木、高木、鬥火、鬼木、鬲火。

（註：朔金、朕金、朒火、朓火、朗火——「月」部首；股木、肢金、肥水……

（「肉」部首。）

十一劃數：乾木、偞土、倕金、偹金、偃土、假金、偈金、偉土、偏水、偕金、停火、健金、偰金、偲金、側金、偵金、偶土、偷火、偺金、偎土、偓土、偭水、偯土、偌金、做金、偟木、偊土、偋水、兜火、冕水、減金、凑金、凰木、剪金、剭土、副水、剮金、勘木、勒火、動火、勖金、務土、匐水、匏水、匙金、匭金、區金、匿火、厠金、參金、售金、唯土、唱金、唳火、啑金、啅金、啄金、商金、啤水、唸火、啥金、啍火、問土、啐金、啟金、啜金、啞土、唪水、唵土、啗火、啕火、啡水、唬木、唼金、啦火、啃木、啈金、啪水、唰金、圈金、圉土、國木、圇火、域土、埏土、埤水、埭火、埶金、培火、基金、堂火、堅金、堆火、堇金、堊土、埸土、埵火、埼金、埠水、堍火、埝火、埴金、埜土、埿木、堀金、埡木、埮火、埻金、堌木、夠木、够木、娶金、婁火、婆水、婉土、婕金、婢水、婦水、婪火、婭土、姘水、婀土、娼金、婚木、婊水、婋土、娩火、婞金、婡金、執金、寅土、寄金、寇木、寂金、宿金、密水、寀金、尉土、將金、專金、屛水、屜火、屝水、

崇金、崎金、崔金、崕土、崚火、崢金、崧金、崩水、崑木、崆木、崍火、
崛金、崞木、崤土、崦土、崡木、崗木、崟土、崒金、崌金、崮木、崙火、
巢金、帡水、帳金、帶火、帷土、常金、帵土、庵土、庶金、康木、庸土、
庳水、鹿火、虒火、強金、張金、弸水、弶金、彗木、彩金、彪水、彬水、
彫火、得火、徘水、徙金、徜金、從金、徠火、御土、悃木、悢火、悄金、
悅土、悉金、悌火、悍木、悔木、悖水、悚金、悛金、悝木、悟土、悠土、
患木、悕金、戛金、戚金、扈木、挨土、挫金、振金、挹土、梃火、挾金、
捆木、捉金、捌水、捏火、捐金、捕水、挶金、挽土、捃金、捍木、捎金、
挪火、捅火、挱金、挲金、捂土、捘金、捔金、敘金、教金、敏水、救金、
敔土、敕金、敖土、敗水、敓火、斛木、斜金、斬金、断火、旋金、旌金、
旆水、旎火、族金、旍金、既金、晚土、晝金、晞金、晡水、晤土、晦木、
晧木、晨金、晛金、晢金、冕木、晗木、曹金、曼水、望土、朗火、桴水、
桶火、樑火、梃火、梅水、梆水、梏木、梓金、梔金、梗木、條火、梟金、
梢金、棄金、梧土、梯火、械金、梲金、梴金、梵水、梱木、桯火、桿木、

桹火、梐水、梠火、桫金、梜金、桲水、梂金、梣金、梨火、梖水、桷金、
欲土、欷金、欶土、殍水、殑金、殺金、毬金、毫木、氤金、氪木、浙金、
浚金、浜水、浡水、浣土、浥土、浦水、浩木、浪火、浮水、浴土、海木、
浸金、浹金、浼水、涂火、涅火、涇金、消金、涉金、涎金、涑金、涓金、
涔金、涕火、涘金、浞金、涊火、涒火、溳水、浰火、浤木、烹水、焄金、
烽水、烺火、焉土、焐土、烷土、烴金、烯金、焌金、焊木、焗金、焓木、
爽金、牽金、牼木、牾土、牿木、犁火、狴水、狷金、狸火、狹金、狺土、
狼火、狽水、狳土、率金、玭金、珞火、珠金、珥土、班水、珓金、珙木、
珣金、珩木、珮水、珖木、珪木、珦金、珧土、瓠木、瓷金、瓶水、甜火、
產金、畤金、畦金、略火、異土、痊金、痔金、痕木、痌火、痍土、痒土、
皎金、皐金、盒木、盔木、盖木、眯水、眶木、眷金、眸水、眼土、眾金、
眭金、眴金、眵金、眽水、眹金、硃金、研土、硅木、硉火、硊木、硐火、
硌火、砦金、破土、硫火、祧火、祥金、票水、祭金、祫金、移土、秸金、
窒金、窕火、窔土、窑土、章金、笙金、笠火、笛火、笨水、第金、笞金、

笭火、笥金、笪火、笢水、笄水、符水、第火、笰水、笳金、笱木、笞火、
笮金、笸水、笯火、笴木、笵水、笘金、粗金、粒火、粔金、粕水、粘火、
紩金、紬金、累火、細金、紳金、紵金、紹金、紺木、紼水、紽火、紿火、
絀金、終金、組金、絅金、絆水、紾金、絁金、紮金、絃金、瓻水、缽水、
罡木、羝火、羚火、羞金、翎火、翊土、翌土、習金、耋火、耜金、耞金、
聆火、聊火、胥金、胄金、背水、胎火、胏金、胖水、胙金、胛金、胞水、
胠金、胤土、胝金、胚水、胗金、膽火、脈水、胂金、胍木、胐水、胈水、
舂金、舲火、舳金、舴金、舵火、舶水、舷金、舸木、船金、艴水、苑土、
苒金、苓火、苔火、笤火、苗水、苛木、苜水、苞水、苟木、苡土、若金、
苦木、苧金、苫金、英土、苴金、茶火、苹水、苻水、苾水、茁金、茂水、
范水、茄金、茅水、茆水、茉水、苣金、苨火、茌金、苙火、茀水、苯水、
苷木、茛水、苲金、處金、蚯金、蚰十、蚳金、蚶木、蛄木、蛇金、蚿金、
蚨火、蛉火、蛁火、蛆金、蚱金、蛀金、蛋火、蛅金、蚵木、蚲水、蚹水、
術金、衕金、架金、袋火、袍水、袓火、袖金、袗金、袜土、袤水、被水、

祛金、袧木、袨金、袎土、規木、覓水、觖金、訛土、訝土、訢金、訩金、
訪水、設金、許金、訰金、豉金、豚火、豝水、貧水、貨木、販水、貪火、
貫木、責金、赦金、赧火、趾金、跂金、趻金、趿金、趹金、躭火、軛土、
軜火、軟金、軝金、迋土、迍金、迎土、近金、迓土、迒木、迕土、那火、
邦水、邪金、邠水、邡水、邩金、邢金、酖火、酗金、酘火、酚水、酕水、
酞火、野土、釣火、釦木、釵金、釧金、釪木、釩水、釶金、釭木、釹火、
釤金、釷火、閈木、閉水、阡金、阢土、雀金、雩土、雪金、靪火、頂火、
頄金、頃金、飢金、飣火、馗木、魚土、鳥火、鹵火、麥水、麻水。

（註：望土、朗火——「月」部首；胥金、胄金、背水、胎火……——
「肉」部首。）

十二劃數：傀木、傜金、傅水、傍水、傑金、傒金、傖金、備水、傔金、傞金、傘金、
傈火、傣火、傎火、傢金、搙火、傃金、傚金、凔金、凓火、凱木、剩金、
割木、創金、剴木、剳火、勝金、勞火、勛金、匒火、博水、凖金、卿金、
厥金、厦金、厨金、唾火、啇金、啼火、啾金、喀木、喁土、喃火、善金、

喈金、喉木、喊木、喋火、喏金、喑土、喓土、喔土、喘金、喙木、喚木、
喜金、喝木、喟木、喤木、喧金、喪金、喬金、單火、喻土、喞金、喭土、
喂土、喇火、喳金、喵水、喲土、喆金、喫金、啷火、喱火、啍土、圍土、
圖金、喑土、堞火、堠木、堡水、堪木、堯土、堰土、報水、場金、堵火、
堝木、壖金、堙木、壺木、壹土、婿金、奠火、奢金、婷火、婺土、媒水、
媚水、媛土、媧土、婼金、媕土、媟金、媖土、媬水、婿金、孱金、富水、
寐水、寒木、寓土、寎水、寖金、寔金、尊金、尋金、尌金、就金、屠火、
嵇金、崽金、嵋水、嵌金、嵐火、崿土、嵗土、嵑金、嵂火、嵁木、崷金、
帵土、帽水、幃土、幅水、幀金、幄土、幾金、庾土、廁金、廂金、庿水、
弒金、弼水、強金、彘金、彭水、徧水、徨木、復水、循金、悲水、悴金、
悵金、悶水、悸金、悼火、惄火、情金、惇火、惋土、惎金、惑木、惕火、
惘土、惚木、惛木、惜金、惟土、惠木、惡土、惦火、悱水、悽金、悾木、
惓金、惔火、惙金、惆金、惝火、悰金、惧金、悺金、惀火、戟金、戞金、
扉水、扊土、捧水、捨金、捩火、捫水、捭水、捲金、捷金、捺火、捻火、

捽金、掀金、掃金、掄火、掇火、授金、掉火、掊水、掌金、掎金、掐金、
排水、掘金、掛金、掠火、探火、掣金、接金、控木、推火、掩土、措金、
掫金、掬金、捶金、掏火、掙金、掞金、採金、捱土、掤水、振金、掂火、
掮金、掯木、掰水、掭火、掖土、拼水、掔金、捥土、捬水、捯火、敦火、
敠火、斌水、斐水、斑水、斛土、斯金、斮金、旐金、旒火、晬金、普水、
景金、晰金、晴金、晶金、晷木、智金、晻土、晾火、晼土、晽火、晳金、
晆土、曾金、替火、最金、朝金、期金、棃火、棉水、棋金、棍木、棐水、
棒水、棖金、棗金、棘金、棚水、棟火、棠火、棣火、棧金、棨金、椒金、
棫土、棬金、森金、棲金、棺金、棻水、棼水、椅土、植金、椎金、椏土、
棱火、椇金、椗火、棕金、棰金、棹金、椆木、棑水、椋火、棓水、椌金、
棷金、棽金、棶火、棪土、椑水、欺金、欹土、款木、欽金、欻木、殖金、
殘金、殙木、殛金、殼金、殽土、毓土、毯火、毰水、氮火、氬土、氰金、
氯火、涯土、液土、涵木、涸木、涼火、涿金、淆土、淄金、淅金、淋火、
淞金、淑金、淒金、淼水、淖火、淇金、淘火、淚火、淝水、淟火、淡火、

淤土、淥火、淨金、淩火、淪火、淫土、淬金、淮木、深金、淳金、淶火、
混木、清金、淹土、淺金、添火、淦木、涪水、淀火、洴水、淌火、涴土、
淙金、涮金、淴木、減土、淂火、涫木、淵土、淯土、渣火、涳木、淜水、
焙水、焚水、焜木、無土、焦金、焮金、然金、焠金、焱上、焯金、焰土、
為土、牌水、牋金、犂火、犀金、犄金、犇水、猖金、猙金、猛水、猜金、
猝金、猗土、猊火、猋水、現金、球金、琅火、埋木、珵金、珺金、珽火、
琇金、琔金、甦金、甥金、甯火、番水、畫木、畯金、異十、畬土、疏金、
疎金、痗水、痙金、痛火、痞土、痦水、痢火、痣金、痧金、痘火、痠金、
痤金、登火、發水、皓水、皖土、皴金、盛金、盜火、睆木、睅木、睇火、
睊金、睏木、着金、睄金、矞土、短火、矬金、硜木、硝金、硬土、硭水、
硯土、硤金、碑金、硪土、稀金、稂火、稅金、稈金、稊火、程金、稍金、
稃水、稉金、窖金、窗金、窘金、童火、竣金、竦金、筆水、筇金、筌金、
筍金、等火、筑金、筐木、筒火、筋金、答火、筈金、策金、筊金、茷水、
粟金、粵土、粥金、粢金、粞金、粧金、紳金、紫金、結金、絓金、絕金、

絜金、絞金、絡火、絇金、給木、絨金、絮金、統火、絲金、絳金、紝金、
絎木、絯金、翕金、翔金、翥火、耠木、聒金、胭土、胯木、胰土、胱木、
能火、脂金、脅金、脈水、脊金、胸金、胴火、脆金、脇金、胳木、脁火、
胺土、臯金、舄金、舒金、茗水、荔火、茨金、茫水、茯水、茱金、茲金、
茴水、茵土、茶金、茸金、茹金、荀火、荄木、荅火、荊金、草金、荏金、
荐金、荑火、荒木、茛木、茜金、荍火、荾金、荃金、荈金、茙金、茷水、
苘火、荖火、茚土、虛金、蛙土、蛛金、蛟金、蛤木、蛭金、蛩金、蛐金、
蛞木、蛔木、衆金、衕火、街金、衖火、袴木、袷金、袽金、裁金、裂火、
袺金、裉木、袱水、裀土、袼火、袾金、袵金、覃火、覗金、覘金、觚木、
觜金、觝火、訴金、訶木、診金、註金、証金、訾金、詆火、詈火、詎金、
詐金、詔金、評水、詘金、詛金、詞金、詅火、詠土、訹木、詁金、象金、
貂火、貯金、貰金、貳土、貴木、貶水、買水、貸火、貺木、費水、貼火、
貽土、貿水、賀木、賁水、貲金、趁金、趄金、趆火、超金、越土、趋金、
跋水、跌火、跎火、跏金、跖金、跗水、跚金、跛水、距木、跐土、跆火、

跐金、跑水、跔金、軫金、軸金、軻木、軼土、軨火、軙水、軺土、軹金、軱木、軥金、辜木、迢火、迤土、迖金、迥金、迦金、迨火、迪火、迫水、迭火、迮金、邯木、邰火、邱金、邲水、邳水、邴土、邵金、邸火、邶水、酢金、酣木、酤木、酥金、酡火、釉土、量火、鈇水、鈍火、鈔金、鈕火、鈞金、鈀水、鈐金、鈥木、鈒金、鈁水、鈦火、鈉火、鈣木、鈧木、釿土、鈚水、鈎木、鈑水、鈜木、鈤金、開木、閎木、閏金、閑金、閒金、間金、閔水、閌木、阪水、阮金、防水、阸土、阱金、阰水、阴土、阳土、雄金、雅土、集金、雁土、雇木、雯土、雰水、雱水、雲土、靰土、靬金、靮火、靭金、靱金、項金、順金、頊木、須金、飧金、飪火、飱金、馭土、馮水、骭金、骫土、髠木、髟水、亁土、黃木、黍金、黑木。

（註：朝金、期金——「月」部首；胭土、胯木、胰土、胱木……——「肉」部首。）

十三劃數：黽水、鼎火、鼓木、鼠金、亂火、亶火、催金、傭土、傲土、傳金、傴土、債金、傷金、傺金、傾金、僂火、僅金、僉金、僇金、傯金、働火、僈水、

僊金、僇火、僥金、僄水、剽水、剿金、劃金、剸火、劉火、募水、勢金、
勤金、勠火、勦金、勣金、匯木、剼金、厫土、廏金、疉火、嗇金、嘔土、
噫上、嗑木、嗒火、嗔金、嗜金、嗲火、嗟金、嗣金、嗄金、嗊金、嗅金、
嗤金、嗦金、嗡土、嗚土、嗙水、嗐木、嗖金、嗆金、嗝木、嗎水、嗍金、
嗓金、唆金、嗥木、嗃木、嗯土、嗈土、園土、圓土、塊木、塋土、塌火、
塍金、塏木、塑金、塔火、塗火、塘火、塞金、填火、塢土、塓水、塃木、
塚金、塛木、塙金、塕土、塥金、塠火、塝水、奧土、媲水、媵土、媸金、
媼土、媾金、嫁金、嫂金、嫄土、嫉金、嫋火、嫌金、嬍水、嫇水、媳金、
媽水、媱土、嫏火、孶金、寖金、尟金、尠金、嵯火、嵊金、嵩金、嵫金、
嵬土、嵱土、嵲火、幌木、幎水、幏水、幍火、幹金、廈金、廉火、廊火、
廋金、彀金、彙木、微土、徯金、徬水、徭土、惰火、惱火、惲土、想金、
惴金、惶木、惸金、惹金、惺金、惻金、愀金、愁金、愆金、愈土、愉土、
愊水、愍水、愎水、意土、愔土、愕土、愚土、愛土、愜金、感木、愐水、
愣火、愒木、慈金、慍土、惼水、愋金、懦火、愓火、戡木、戢金、戣木、

戥火、戤金、掾土、揀金、揶土、揄土、揆木、揉金、描水、提火、插金、
揖土、揚土、換木、揠土、握土、揣金、揩木、揮木、援土、揎金、揕金、
揲金、揪金、揸金、揍金、揈木、揹水、揢木、揔金、揑火、揜土、摒水、
掿火、敬金、敫土、数金、斂火、煸水、斟金、新金、暄金、暇金、暈土、
暉木、暍木、暑金、暗土、暘土、暖火、暐土、暌木、暎土、暕金、會木、
椶金、椸土、椹金、椽金、椿金、楂金、楅水、楊土、楓水、楔金、楚金、
楡土、楣水、楨金、楫金、楬金、業土、栢金、極金、楷金、楸金、楹土、
椰土、椷金、楘水、楛木、楝火、楞火、楦金、楩水、椳土、楢土、楎木、
楟火、椴火、榆金、楳水、楠火、楥金、楗金、楺金、歃金、歆金、歇金、
歅土、歈土、歂金、歲金、歱金、殛金、殿火、毀木、毽金、毷水、毹金、
渙木、減金、渚金、渝土、渟火、湶金、渡火、渣金、渤水、渥土、測金、
港木、渦土、渴木、游土、渺水、渾木、湊金、湍火、湓水、湔金、湖木、
湘金、湛金、湜金、湫金、湮土、湯火、湲土、湃水、渫金、渭土、渰土、
渲金、渹木、湑金、湟木、湢水、湧土、湣水、湉火、湨土、湩金、湅火、

湝金、渃木、渢水、渜火、温土、湋土、湡土、煉火、煌木、煎金、煮金、
煒土、煖土、煙土、煜土、煢金、煤水、煥木、煦金、照金、煨土、煩水、
煬土、煁金、煞金、煠金、煚金、煲水、煳木、煏水、煮金、煅火、煇木、
煊金、煸水、牒火、犎水、犍金、犏水、猢木、猥土、猩金、猱火、猴木、
猶土、猷土、猲金、猧土、猬土、猪金、猫水、献金、猸水、琖金、琚金、
琛金、琢金、琥木、琨木、琪金、琙土、琬土、琮金、琯木、琰土、琮金、
琳火、琴金、琭火、琵水、琶水、琦金、琺水、琲水、琤金、琼金、琫水、
琡金、瓿水、甀金、甆金、當火、畸金、畹土、畵木、疑土、痰火、瘖水、
痼金、痿土、瘀土、瘁金、痹水、痲水、痳土、痯金、痺水、痹水、痙土、
痾土、痴金、晢金、盟水、盞金、塩土、盝火、睚土、睗金、睇火、睊金、
睎金、睍金、睏木、着金、睄金、睃金、矮土、硼水、碌火、碎金、碑水、
碓火、碏金、碇火、碉火、碐火、碘火、碰水、碼木、硎金、碍土、碱土、
碁金、碗土、碚水、碆水、碠木、祺金、祼木、祿火、禁金、禽金、萬土、
稔金、稗水、稙金、稟水、稠金、稚金、稑火、稜火、稞木、稏土、稘金、

稖水、窋木、窣金、窠木、窨火、竪金、竫金、筠土、莨火、筵土、筷木、

筧金、筢水、筮金、筰金、筲金、筥金、筳火、節金、筋金、筦木、筭金、

筱金、筴金、粱火、粲金、粰水、粮火、絛火、絹金、綁水、絻水、綃金、

綈火、絺金、綌金、綏金、經金、綀金、絿金、綅金、絪木、綉金、継金、

綆木、綎土、罨土、罬金、罩金、罪金、罫木、置金、罭土、羧金、群金、

羣金、羨金、義土、翛金、耡金、聖金、聘水、肄土、肆金、肅金、脘木、

脛金、脣金、脩金、脫火、脬水、脯水、脝土、脞金、脤金、身金、脖水、

脡土、腳金、脭金、脢水、舅金、與土、艇火、艄金、艂水、艉土、艅土、

艴金、荷木、莅火、荻火、荼火、荽金、莊金、莒金、栝金、莓水、莖金、

莘金、莞木、莠土、莢金、莧金、萃水、莪土、莫水、莆水、莉火、莎金、

莕金、莏金、莨火、莩水、莣土、莳土、莝金、荳火、莌火、莽水、虜火、

虞土、號木、蛸金、蛹土、蛺金、蜺金、蛾土、蜀金、蜂水、蜃金、蜇金、

蜈土、蜉水、蜊火、蜓火、蜆金、蜒土、蜑火、衙土、裎金、裏火、裡火、

裒水、裔土、裕土、裘金、裙金、補水、裝金、裟金、裊火、裋金、裓木、

裌金、粯火、解金、觥木、舭木、觠金、觡木、詡金、詢金、詣土、試金、
詫金、詬木、詭木、詮金、詿木、詰金、話木、該木、詳金、詵金、詹金、
詠木、誄火、誅金、誇木、詻土、誆木、詧金、誂火、登火、豊火、豢木、
豣金、貅金、貉木、貊水、貆木、賃火、賄木、賂火、賅木、資金、賈金、
賊金、賍金、絶金、趑金、趍金、跟木、跡金、跣金、跨木、跪木、跺火、
跤金、跮金、跬木、路火、跳火、跰金、跴金、跩金、跱金、跧金、跲金、
躲火、軾金、較金、輅金、輈金、載金、輊金、輇金、辟水、辞金、辠金、
農火、迴木、迷水、追金、退火、送金、逃火、逅木、逆火、逢水、迸水、
迻土、迹金、迺火、郌木、郕金、郁土、郅金、郇金、郊金、郉金、郃木、
郈木、郄金、郣金、郕金、酪水、酯金、酩火、酮火、酬金、酰金、酧金、
鈴火、鈿火、鈸水、鉅金、鉉金、鉋水、鉏金、鉗金、鉛金、鉞土、鉢水、
鈳木、鈺土、鉤木、鉦金、鈷木、鈹水、鉀金、鉍水、鈰金、鉑水、鈾土、
鈮火、鉬水、鉭火、鉈火、鉥金、鉧水、鉄火、鉚水、閘金、閙水、閟水、
閛水、閙火、阻金、阼金、陀火、阿土、陂水、附水、阽火、雉金、雋金、

雍土、雌金、雎金、雒木、零火、雷火、雹水、電火、靖金、靳金、靮火、靭金、韵土、頌金、頊金、頍木、頎金、頏土、頒水、預土、頓火、頔木、飩火、飪金、飫土、飭金、飲土、飯水、馱火、馳金、馴金、馵金、馰火、骭木、骫土、髡木、髦火、髧水、魛火、鳧水、鳩金、麂金、黽水、鼎火、鼓木、鼠金。

（註此十三劃數無「月」部首，腕木、脛金、脣金、脩金……「肉」部首。）

十四劃數：像金、僑金、僕水、僚火、僝金、偽十、僭金、僦金、僧金、僨水、僖金、僬金、僰水、僗火、僱木、僎金、僯火、僡木、僔金、僪金、兢金、凴水、凘金、凳火、劂金、劀木、劃木、勩土、匱木、匰火、匲火、厯火、厭土、廝金、廠金、嘆火、嗶水、嗷土、嗽金、嗾金、嘈金、嘉金、嘏木、嘐金、嘒木、嘔土、嘖金、嘞火、嘗金、嘓木、嘋火、嘎木、嘑木、嘛水、嘁金、嗹火、嘀火、嘅木、嘍水、嘌水、嗿火、圖火、團火、圜土、圝火、塵金、塹金、塾金、塿火、境金、墅金、墉土、墈木、墊火、墓水、墁水、墜金、

墐金、㙗金、塲金、塼金、墘金、墋金、墚火、壽金、夢水、夤土、夥木、
奪火、獎金、奩火、奫土、嫗土、嫥金、嫚水、嫜金、嫠火、嫡火、嫣土、
嫩火、嫪火、嫫水、嫖水、嫘火、嫦金、嫕土、嫭木、孵水、寞水、察金、
寡木、寢金、寤土、寥火、實金、寧火、寨金、寣木、對火、屢火、屣金、
嶁火、嶅土、嶇金、嶂金、嶄金、嶍金、嵷金、嵾金、嵸金、幔水、幕水、
幗木、幛金、幘金、幣水、幙水、幈水、廓木、廕土、廎金、廖火、廑金、
廙土、廗火、廏金、弊水、彄木、彆水、彰金、影水、徹金、慍土、愫金、
愴金、愷木、慎金、愾木、愿土、慂土、慄火、慆火、殷土、慊金、態火、
慌木、愬金、慁木、慉金、愧木、恖金、慅金、慔金、截金、戧金、戩金、
搆木、損金、搏水、搔金、搖土、搜金、搢金、搦火、搨火、搭火、搴金、
搵土、搶金、搉金、搊金、搐金、揩金、搛金、搪火、搰木、搾金、搥金、
搌金、搧金、搬水、搿木、搗火、搇金、搠金、搎金、摁土、搯火、搽金、
搗土、搞木、攜金、搤土、揳金、愶金、敲金、斡土、旗金、旖土、暝水、
暢金、暤木、塈土、榅土、榔火、榕金、榛金、榜水、榭金、榮金、榷金、

榻火、槊金、構木、槍金、槎金、槐木、榴火、榦木、榧水、榨金、榼木、
榫金、榱金、榾木、槁木、槃水、槅木、槌金、槓木、榖木、榰金、榤金、
槔木、榣土、槖火、棹金、榎金、榠水、榥木、榪水、榿金、歌木、歉金、
歊金、[illegible]金、殞土、殠金、毄金、敲金、氳土、溫土、源土、準金、溜火、
溝木、溟水、溢土、溓火、溥水、溧火、溪金、溯金、溱金、溲金、溶金、
溷木、溺火、溼金、溽金、滁金、滂水、滃土、滄金、滅水、滇火、滋金、
滎土、滑木、滓金、滔火、滕火、溏火、溘木、溠金、溳土、滏水、溴金、
滾木、漾土、溮金、滉木、溦土、溻火、溚火、溰土、滈木、熙金、熄金、
熊金、熏金、熒土、煽金、熔金、熇木、熅土、熗金、熠金、熀木、熉土、
爾土、牓水、犒木、犖火、犓金、獉金、獅金、獃火、猾木、猺土、猿土、
獀金、瑒土、瑁水、瑋土、瑕金、瑚木、瑜土、瑞金、瑟金、瑑金、瑗土、
瑙火、瑛土、瑄金、瑀土、琿木、瑇火、瑝木、甄金、甀金、甃金、疑土、
疐金、瘍土、瘐金、瘏火、瘨土、瘓木、瘖土、瘋木、瘕金、瘌火、瘧火、
瘊木、瘇金、瘉土、皸金、皷木、監金、盡金、睡金、睽木、睪木、睿金、

瞀水、睹火、睺木、瞅金、瞄水、硾金、碩金、碡火、碴金、碞土、碣金、
碧水、碬火、碭火、碟火、碲火、碳火、碱金、碪金、碥水、磁金、禊金、
禋土、禍木、福水、禎金、禔火、禕土、禖水、禘火、禓土、稭金、種金、
稱金、稬火、稨水、窩土、窪土、窨土、窬土、竭金、端火、箋金、箏金、
箑金、箎木、箔水、箕金、算金、箅水、箄水、箜木、箝金、管木、箐金、
箘金、箇木、劄火、箒金、粹金、粽金、粻金、綜金、綠火、綢金、綣金、
綦金、綬金、維土、綮金、綯火、綰土、綱木、網土、綴金、綵金、綸火、
綺金、綻金、綾火、緅金、緇金、緊金、緋水、綹火、緉火、綿水、緄木、
綷金、綪金、緆土、緌金、綝火、絣水、緍水、綫金、緀金、缾水、罰水、
署金、罳金、翟火、翠金、翣金、翡水、耥火、耤金、聚金、聞土、脹金、
腁水、腆火、腋土、腌土、腎金、腐水、腑水、腔金、腕土、脾水、腊金、
腓水、腍金、腈金、腙金、腒金、臧金、臺火、舔火、舓金、舞土、艋水、
萸土、莞土、菁金、菅金、菊金、菌金、菔水、菖金、菘金、菟火、菠水、
華木、菇木、菰木、菲水、菸土、苴金、菽金、萁金、萃金、萄火、萇金、

萊火、萋金、萌水、萍水、萎土、萑木、菆金、菡木、萏火、菩水、菱火、
菴土、菶水、萆水、萐金、萁火、萙水、萶金、董金、萘火、菪火、菂火、
荊金、菓木、菿火、萘火、萜火、菼火、莿金、菥金、菝水、虡金、蜘金、
蜚水、蜜水、蜢水、蛲金、蜥金、蜮土、蜩火、蜴土、蜻金、蜾木、蜿土、
蝀火、蜡金、蜷金、蜞金、蜙金、蜑土、蜰水、蜺火、蜹金、蜯水、蜱水、
裨水、裯金、裱水、裳金、裴水、裸火、裹木、裼金、製金、裰火、褂木、
裲火、裾金、覡金、覞土、觕金、觫金、誌金、認金、誑木、誒土、誓金、
誕火、誘土、誚金、語土、誠金、誡金、誣土、誤土、誥木、誦金、誨木、
說金、誖水、豌土、豎金、豨金、豪木、貌水、貍火、賑金、賓水、賕金、
賒金、赫木、趙金、趕木、趖金、跼金、跽金、踉火、踅金、踊土、踄水、
躳木、輒金、輓土、輔水、輕金、辣火、逋水、逍金、透火、逐金、逑金、
途火、逖火、逗火、通火、逝金、逞金、速金、造金、逡金、逢水、連火、
逕金、這金、逛木、逭土、郎火、郛水、郜木、郝木、郡金、郢土、郗金、
郟金、郤金、部土、郵水、酲金、酴火、酵金、酷木、酸金、酹火、酺水、

酶水、銀土、銃金、銅火、銓金、銖金、銘水、銜金、銒金、鉸金、鉺土、
銘木、銍金、銑金、銚火、銛金、鉿木、銠火、銙木、銫金、銪土、銦土、
鉉土、鉫金、銨土、銩火、鋆金、銧木、閡木、閣木、閤木、閥木、閠木、
閩水、閔木、陋火、陌水、降金、限金、陔木、陏火、雒火、需金、霂金、
靤水、鞅土、靺水、鞃木、鞓火、鞄水、勒土、鞐水、鞀火、靺水、韍水、
韶金、頗水、領火、頔火、颯金、颭金、颱火、颮水、飴土、飼金、飽水、
飾金、餂火、飶水、馹金、駁水、駇金、骯土、骰金、髯金、髦水、髩水、
髮火、髫水、魁木、魂水、鮏金、魟木、鳲金、鳳水、鳴水、鳶土、鴇木、
麽水、麾木、鼻水、齊金。

（註：朢土—「月」部首；脹金、腁水、腆火、腋土……—「肉」部首。）

十五劃數：僵金、價金、僻水、儀土、儂火、億土、儌金、儇金、儈木、儉金、儊金、
僾土、儋火、儁金、儅火、儎金、僌金、僽金、儃金、僿金、僼火、澤火、
凜火、劇金、劈水、劉火、劊木、劌木、劍金、剿金、劎金、勱水、勯火、

匳火、厲火、嘬金、嘲金、嘵金、嘶金、嘻金、嘽金、噔火、噂金、噍金、
嘒木、噓金、嘩木、噀金、噎土、嘰金、嘴金、嘹火、嘿木、噌金、嘮火、
噘金、嘟火、噗水、嘎木、嘔金、嘷木、噚金、噇金、嘸水、噏金、嘯金、
噴水、墜金、增金、墟金、墦水、墨水、墩火、墮火、墳水、墠金、墡金、
墀金、墣水、墰火、墬土、墯火、奭金、嫵土、嫻金、嫺金、嫣木、嫛金、
嬉金、嬋金、嬌金、嫽火、嬈金、嫿木、審金、冩金、寬木、寮火、寫土、
樻火、層金、屢火、屧金、嶙火、嶠金、嶒金、嶓水、隮火、嶝火、嶢土、
嶔金、嶕金、嶗火、嶡木、幟金、幡水、幢金、幞水、幠木、幝金、廚金、
廝金、廟水、廠金、廡土、廣木、廢水、鷩水、彈火、彃水、影土、徵金、
德火、慕水、慘金、慙金、慚金、慝火、慟火、慢水、慣木、慥金、慧木、
慨木、慫金、慮火、慰土、慳金、慵土、慶金、慴金、慷木、慾土、憂土、
慼金、慪土、憋水、慬金、慤金、慓水、憭火、憯金、憓木、憛土、憤木、
戮火、摘金、慁木、摛金、摟火、摧金、摩水、摭金、摯金、摳木、摶火、
摸水、摹水、摻金、摽水、摑木、摒水、撇金、摔金、摺火、摜木、摏金、

摴木、[illegible]木、摝火、揅土、摠金、攓金、摌金、敵火、敷水、數金、敹火、
夐金、皻金、斲金、暬金、暮水、暫金、暱火、暴水、暵木、槥木、槧金、
概木、槳金、槽金、槿金、樁金、樂火、樓火、樊水、樗金、標水、樛金、
樞金、樟金、模水、樣土、槻木、樅金、槲木、槭金、樀火、樔金、槴木、
樚火、樑火、槨木、樐火、樘火、橄金、樋火、槤火、槺木、樧金、歎火、
歐土、殣金、殢火、殤金、毅土、毆土、氂火、毿金、滬木、滯金、滲金、
滌火、滴火、滸木、滹木、滾木、滿水、漁土、漂水、漆金、漈金、漉火、
漑木、漓火、演土、漕金、漘金、漙火、漚土、漠水、漢木、漣火、漩金、
漪土、漫水、漬金、漱金、漲金、滵水、漸金、漾土、漿金、潁土、滷火、
漯火、漳金、滮木、漭水、滽土、滫金、漰水、滺土、漎金、漊火、漥土、
滶金、漃金、漼金、漴金、漻火、漗木、漇金、滐金、熟金、熠土、熨土、
熬土、熱金、熯木、熲金、熛水、熭木、熜金、熝火、熳水、熥火、牖土、
犛火、犖土、獄土、獒土、獍金、獐金、獏水、獑金、瑣金、瑤土、瑩土、
瑰木、瑱火、瑲金、瑳金、瑪水、瑯木、瑢金、瑫火、瑭火、瑨金、瑮火、

瑠火、畿金、瘟土、瘠金、瘩火、瘡金、瘝木、瘢水、瘥金、瘦金、瘤火、
瘙金、瘞土、癲火、瘜金、瘚金、皚土、皞木、皝木、皺金、盤水、瞋金、
瞎金、瞍金、瞑水、瞇水、瞌木、確金、碼水、磅水、磊火、磋金、盤水、
碾火、磔金、磕木、碻金、殞土、磉金、磑土、磈土、磌火、磏火、禡水、
禚金、禎金、稷金、稹金、稻火、稼金、稽金、稿木、穀木、稟木、窮金、
窳土、窯土、筅金、箒金、箱金、箭金、篚金、箯水、箸金、箴金、節金、
篁木、箵金、範水、篇水、篆金、篋金、篌木、箭金、箷土、糅金、糊木、
糌金、糇木、糝金、緒金、緗金、緘金、線金、緜水、緝金、締火、緡水、
緣土、緦金、緩木、緬木、編水、緬水、緯土、練火、緲水、緹火、緱木、
緞火、緯木、緧金、總金、緶水、緷土、緵金、緺木、緰土、緤金、緥水、
緻金、罵水、罷水、罶火、罰水、羯金、羰火、羬金、羭土、翥金、翦金、
翩水、翬木、翯金、獶金、翫土、耦土、聤火、聧木、腠火、腥金、腦火、
腫金、腰土、腱金、腴土、腸金、腹水、腩火、腯火、腶火、腺金、腳金、
腭土、腼水、腷水、腤土、腮金、腧土、興金、舖水、艑水、艄金、艓火、

艎木、蔥金、蒎水、萬土、葰金、葝金、蒧金、葎木、萬土、蒿土、蕚土、
落火、葉土、葑水、著金、葛木、葡水、葺金、葽土、萩金、葆土、葒木、
葹金、葭金、葯土、葳土、葵木、葷木、葸金、董火、葦土、葩水、葫木、
葬金、萹水、葶火、葞水、葍水、葟木、荾金、菙金、葖火、韮金、葊土、
蒂火、蓋木、菱金、葠金、萻木、葓木、葙金、葧水、葲金、蒅金、葤金、
虢木、蚪木、蝕金、蝗木、蝘土、蝙水、蝠水、蝣土、蝤金、蝥水、蝦金、
蝨金、蝶火、蝸木、蝎金、蝟土、蝮水、蝴木、蝒水、蝪火、蝻火、蝓土、
蝜水、蝲火、蝖金、蝝土、衝金、衚木、衛土、複水、褐木、褓水、褚金、
褊水、褕土、褌木、褙水、褘木、褎土、褏金、褒水、褋火、褖火、褑土、
靦火、觭金、誰金、課木、誶金、誹水、誼土、諨土、調火、諄金、談火、
諉土、請金、諍金、諏金、諒木、論木、諗金、諆金、諑金、諂金、諃土、
謵金、諕木、諓金、諛土、豌土、豎金、賚火、賜金、賞金、賡木、賢金、
賣水、賤金、賦水、賨金、質金、賙金、賠水、賬金、趣金、趟火、趠金、
踏火、踐金、踖金、踞金、踟金、踢火、踝木、踔金、踣水、踦金、踧金、

踜金、踕金、踡金、踠土、踩金、踪金、踘金、踒土、踮火、踑金、踨金、
躶木、躺火、輗火、輜金、輝木、輟金、輦火、輩水、輪火、輞土、輠木、
輛木、輘木、輨木、輥木、輬火、辤金、逭木、進金、逵木、逶土、逸土、
逯木、逮火、週金、迸水、逴金、湯火、部水、郪金、郭木、郳火、郫水、
郯火、郱水、郲火、郴金、郵土、郰金、醃土、醅水、醄火、醆金、醇金、
醉金、醋金、醊金、醌木、銳金、銷金、鋏金、鋒水、鋱火、鋌火、鋦金、
鋙金、鋟金、鋨土、鋝火、鋤金、鋩水、鋪水、銻火、銼金、鋃木、鋈土、
鋆土、鋅金、鋁火、鋇水、鋯木、鋰火、銲木、鋣土、銶金、鋮金、銾木、
銹金、鋂水、鍪水、鋗金、閫木、閬火、閭火、閱土、陘金、陛水、陞金、
陟金、陡火、院土、陣金、除金、陝金、陖金、霂水、霄金、霆火、震金、
霉水、靚金、靠木、鞋金、鞏木、鞍土、鞉火、鞈木、頞土、頡金、頦木、
頪水、領土、颳木、餂火、餉金、養土、餌土、餃金、餈金、餅水、餁金、
蝕金、駉金、駐金、駑火、駒金、駔金、駕金、駘火、駙水、駛金、駝火、
駟金、駜水、駓水、駊水、駈金、骷木、骳水、骶火、骲水、髦金、髮水、

鬎水、髫火、髯金、鬧火、魄水、魅水、魃水、魆金、魯火、魴水、魨火、魭土、魷土、魬水、鴆金、鴇水、鴉土、鴃金、鴈土、鴗金、鴌水、麄金、麨金、麩水、麫水、麪水、麾木、黙土、鼏水、鼐火、齒金。

（註：此十五劃數無「月」部首；膆火、腥金、腦火、腫金⋯⋯「肉」部首。）

十六劃數：

儐水、儒金、儓火、儕金、儘金、儗火、儛土、儔金、冀金、冪水、凝火、劑金、劓土、劒金、勳金、窮金、匴金、叡金、噢土、噤金、器金、噯土、噩土、噹火、噶木、噙金、噪金、噫土、噬金、噱金、噲木、噠火、噥火、噭金、噰土、噸火、噣金、噦土、罵水、噞土、噼水、墾木、壁水、壅土、壇火、壈火、墼金、墺土、墻金、奮水、嬴土、嬖水、嬙金、嬡土、嬗金、嬝火、嬛木、學金、寰木、寯金、寱土、導火、嶧土、嶰金、嶮金、嶴土、嶱木、嶭土、幧金、幩水、幦水、廨金、廩火、廧金、彊金、彋木、彝土、徼金、憎金、憐火、憑水、憔金、憚火、憝火、憞火、憨木、憩金、憫水、憬金、憮土、憲金、憊水、憍金、憒木、憖土、憙金、憧金、憭火、憦火、

懰金、憯金、憛火、憒水、戰金、戲金、撐金、撖水、撓火、撙金、撚火、
撝木、撞金、撟金、撤金、撥水、撩火、撫水、播水、撮金、撰金、撅金、
撢火、撏金、撲水、撈火、撒金、撬金、撧金、撣火、撳金、撦金、撠金、
整金、遲金、暾火、噎土、曆火、曇火、曉金、曄土、暸火、曈火、暨金、
晞金、睫火、膧火、樲土、樵金、樸水、樹金、樾土、橄木、橇金、橈金、
橋金、橐火、橘金、橙金、橛金、機金、橡金、橢火、橧金、橫土、樺木、
樽金、樨金、橦火、橕金、橚金、檈火、橑火、鼓金、榮金、橱金、橅水、
燊金、歔金、歙金、歕水、歷火、殫火、殪土、殿火、毀木、氅金、氈火、
氌水、毹金、潑水、潔金、澒木、潘水、潛金、潞火、潢木、澗金、潤金、
潦火、潭火、潮金、潰木、潸金、潺金、潼火、澄金、澆金、澇火、澈金、
澌金、澍金、澎水、潙木、潯金、潡木、澐土、潠金、潾火、潏金、潗金、
潷水、潲金、潟金、澂金、潴金、澔木、澕金、潝金、潵金、熹金、熿木、
熺金、熾金、燄土、燈火、燎火、燐火、燒金、燔水、燕土、燖金、燃金、
熸金、燗水、燙火、燏土、燋金、燀金、燁土、犝火、獠火、獢金、獗金、

獞火、獝土、瑾金、瑼金、璀金、璇金、璅金、璉火、璋金、璁金、瑽金、
璃火、瓢水、甍水、甌土、甎金、瘰火、瘳金、瘴金、瘵金、瘯金、瘸金、
瘱土、瘼水、瘻火、瘭水、瘲金、瘺火、盥木、盦土、盧火、瞞水、瞖土、
瞠金、瞢水、瞟水、瞘土、瞜火、瞋金、磧金、磙木、磨水、磬金、磠火、
磡木、磣金、礅土、磚金、磦水、磞水、穆水、穈水、積金、穌金、穎土、
穄金、穇金、穋火、穅木、穊金、窸金、窺木、窵火、窶金、窻金、築金、
篝木、篚水、篡金、篤火、篔土、篢木、篙木、篩金、篥火、篦水、篣水、
篪金、篠金、篘金、糒水、糕木、糖火、糗金、糍金、縕土、縈土、縉金、
縊土、縋金、縐金、縛水、縝金、縞木、縟金、縠木、縢火、縣金、縑金、
縏水、縓金、縡金、縜土、縚火、縗金、罃土、罹火、罻土、羃金、羲金、
羱土、翮木、翰木、翱土、翯木、耨火、耪水、膇金、腿火、膀水、膂火、
膈木、膏木、膝金、膊水、膃土、膍水、膋火、膁金、舉金、舘木、艦土、
艘金、艙金、艖金、蒐金、蒙水、蒜金、蒯木、蒲水、蒸金、蒹金、蒼金、
蒿木、蓀金、蓁金、蓂水、蓄金、蓆金、蓉金、蓋木、蓐金、蓑金、蒟金、

蓊土、蒔金、蓍金、蒒金、蓏火、蒀土、蒴金、蒡水、蓇木、蓖水、蒝土、
蓀火、蒚金、蒗火、蒓金、蒞火、蒽土、蒿火、蓻火、戲金、虢金、虒水、
螠土、融金、螓金、螗火、螟水、螢土、籐火、螄金、螈土、螞水、螂火、
螋金、盤水、螒木、蝟木、螅金、螉丄、顥土、螃水、衛土、衡木、衟金、
褥金、褫金、褰金、褦火、褧金、褯金、褪火、褡火、裼火、褲木、褭火、
褎木、覦丄、親金、覩火、鬵水、諡金、諜火、諠金、謚水、諢木、謣土、
諦火、諧金、諫金、諭土、諱木、諳十、諶金、諷水、諸金、諺土、諼金、
諾火、謀水、謁土、謂土、諞水、諮金、諴金、諰金、謔金、諝金、諟金、
諵火、豫十、貒火、豬金、豭金、貑金、貓水、貐土、賴火、賭火、賵水、
賮金、赬金、頳金、赭金、踱火、踵金、蛴土、踹金、踽金、蹂金、踶火、
蹀火、蹁水、蹄火、蹅金、踼火、輯金、輶十、輸金、輻水、輳金、輮金、
輹水、輷木、輭金、輴金、輵金、辨水、辦水、薛金、逼水、逾土、遁火、
遂金、遄金、遇土、遊土、運土、過木、遏丄、遐金、遑木、遒金、道火、
違土、達火、遍水、遌土、逿火、遆火、鄗土、鄢土、鄘水、鄂土、鄆土、

鄀金、鄄金、鄃土、醍火、醐木、醒金、醑金、醢火、醎木、鋋金、鋸金、鋼木、錄火、錐金、錁木、錙金、錚金、錠火、錡金、錢金、錦金、錫金、錮木、錯金、錞金、錳水、錸火、錒土、錶水、錋金、錕木、錛水、錼火、鍆水、鍊木、鋹金、錆金、錏土、錟火、閣土、閼土、閾土、閼土、闇木、閶金、閹土、閿土、陪水、陬金、陰土、陳金、陴水、陵火、陶火、陷金、陸火、雕火、嶲金、霍木、霎金、霖火、霏水、霑金、霓火、靛火、靜金、靦火、鞘金、鞔水、鞓火、鞙金、頤土、頭火、頰金、頷木、頸金、頻水、頯木、頹火、頪木、頵火、頳金、餐金、餑水、餒火、餓土、餔水、餖火、餘土、餕金、餗金、餑水、駪金、駭木、駰土、駱火、駮水、駣火、駬土、骻木、骸木、骼木、骹金、骴金、髻金、髹金、鬂木、鬨木、鮎火、鮑水、鮐火、鮒水、鮓金、鮀火、鮄水、鮋土、鮌木、鮃水、穌金、鴒火、鴛土、鴦土、鴞金、鴟金、鴣木、鴨土、鴥土、鴕火、鴝金、鴠火、鴐金、麈金、麇金、黔金、默水、鼒金、鼽金、齓金、龍火、龜木。

（註：膧火——「月」部首；膇金、腿火、膀水、膂火……——「肉」部

首。）

十七劃數：償金、優土、傷金、儤水、儡火、儦水、勵火、匵火、嚇木、嚆木、嚎木、
嚌金、嚄木、嚀火、嚐金、嚓金、嚅金、嚏火、壎金、壑木、壓土、壕木、
壔火、壖金、壍金、壏火、嬰土、嬪水、嬲火、嬤水、嬭火、孺金、尷木、
屨金、嶷土、嶸金、嶺火、嶼土、嶽土、嶾土、幫水、幬水、幪水、彌水、
徽木、憶土、憾木、懃金、懆金、懇木、懈金、應土、懊土、懋水、懌土、
懍火、憸金、憺火、懂火、憹火、懁木、戲金、撻土、撼木、撾金、擁土、
擅金、擇金、擊金、操金、擎金、擐木、擒金、擔火、擘水、據金、擄火、
擋火、擗水、擀木、擂火、擁木、撿金、擱金、撽金、整金、斂金、斶金、
斵金、曏金、曖土、橿金、檀火、櫛金、檄金、檇金、檉金、檎金、檐土、
檔火、檜木、檠金、檢金、檣金、檁火、檟金、檖金、檕金、檓木、檑火、
檍土、檝金、檥土、檗水、檛金、檞金、歜金、歛火、殭金、殮火、毚金、
氉金、氈金、氊金、澠金、澡金、澤金、澥金、澦土、澧火、澨金、澮木、
澱火、澳土、澹火、激金、濁金、濃火、濊木、澶金、澼水、濂火、澟火、

濇金、澣木、濾金、濈金、濼金、澾火、營土、燠土、燥金、燴木、燦金、

燧金、燬木、燭金、燮金、燡土、牆金、獨金、獪木、獬金、獫金、獧金、

璞水、璕金、璝木、璡金、璠水、璣金、璜木、璟金、璘火、璚金、璗火、

甑金、甒土、疃火、疄火、癌土、癆火、癇金、瘢水、療火、癃火、癉火、

癈水、癮土、皤水、盩金、盨金、盪火、瞪火、瞥水、瞬金、瞰木、瞧金、

瞵火、瞶木、瞯金、瞫金、矯金、矰金、磽金、磾火、磯金、磲金、磴火、

磷火、磻水、磺木、礁金、礅火、礄金、磳金、磶金、磵金、磿火、禦土、

禧金、禨金、禪金、禫火、穗金、穛金、穜火、穉金、窾木、窺金、窿火、

篠金、篳水、篴火、篼火、篾水、蓬水、篏金、簏火、簇金、簃土、簣金、

篕木、簉金、簑金、簍火、簙金、篰水、篾木、簜木、篺水、簒金、糠木、

糁火、糙金、糜水、糞水、糟金、糡金、糢水、糥金、縺火、縫水、縭火、

縮金、縱金、繁水、縵水、縶金、縷火、縹水、總金、績金、繃水、緊土、

繅金、縯火、繆水、繇土、縲火、縻水、縴金、縪水、綷金、縧火、綜金、

縰金、縱金、罄金、罅金、罾金、罽金、罶火、罿火、翳土、翼土、耬火、

聯火、聰金、聱土、聲金、聳金、滕火、膚水、膜水、膝金、膠金、膘水、
膛火、腔金、膟火、膙金、膗金、膓金、膊金、膕木、臨火、舉金、艚金、
艱金、蓬水、蓮火、蓰金、蓯金、蔻土、蓼火、蓿金、蔀水、蔑水、蔓水、
蔕火、蔗金、蔚土、蔡金、蔣金、蔦火、蔬金、蓧火、蕁金、蓷火、華水、
蔌金、蔔水、蔞火、蔫土、蔭土、陳金、蔽水、蔠金、蓨金、蔟金、蔤水、
菡火、蔊木、蓲土、蔴水、蔥金、蓱水、蓺土、蔪金、蓻火、筧火、虧木、
螌金、螬金、螭金、螮火、螌土、螘火、螻火、蟋金、蟀金、蟈木、蟆水、
螯金、螽金、螵水、螺火、蟑金、螿金、螳金、蟲土、螾土、蝨水、蟅金、
螅金、蟎水、褶金、褻金、襁金、褎水、褸火、襄金、褳火、褽土、襀金、
褻火、褼金、褵火、覞水、覬金、覲木、穀木、謏金、膽火、謠土、謇金、
謎水、謐水、謗水、謗水、謙金、講金、謝金、謅金、謖金、謚土、諜木、
謊木、謅金、謑金、疊水、謟火、謌木、豁木、谿金、谿金、豏金、豲木、
豳水、貔水、貕金、賸金、購木、賺金、賽金、糖火、趨金、蹇金、蹈火、
蹉金、蹊金、蹋火、蹌金、蹐金、蹍金、蹎火、蹓火、蹏火、蹍金、輿土、

轂木、轄金、輼土、轅土、遘木、遙土、遜金、遞火、遠土、遣金、遝火、
遡金、鄒金、鄔土、鄉金、鄗木、鄖土、鄚金、鄏金、鄎金、鄐金、鄌火、
醜金、醞土、醢木、醘土、醡金、醣火、醚水、醛金、錘金、錬火、鍪金、
鍬金、鍺金、鍋木、鍍火、鍛火、鍤金、鍥金、鍰木、鍪水、鍵金、鍾金、
鍇木、鍔土、鍚土、鍠木、鍭木、鍘金、鍿水、鎂水、鍶金、鍑水、鍉火、
鍈土、鍱土、鍦金、鍒金、鍧木、鍮土、闃金、闇土、闈土、闉土、闌火、
闍火、闋金、闊木、陲金、隍火、陽土、隈土、隄火、隅土、隆火、隊火、
隋金、隉木、階金、陾金、隃土、陼金、隁土、陻土、陿金、雖金、霜金、
霞金、霙土、霋火、鞠金、鞝金、鞚木、鞡火、鞞水、鞟木、韓木、韔金、
顆木、頟金、頣木、颸金、餛木、餞金、餅水、館木、餜木、餡金、餦金、
餟金、餚土、餧土、馘木、馡水、駸金、駿金、騁金、騂金、駻木、騀土、
騃土、駾火、駼火、骾木、骸火、髽金、髿金、鬁火、鬌火、鬐金、魈金、
鮆金、鮪土、鮫金、鮭木、鮮金、鮣土、鮚金、鮑土、鮞土、鮟土、鮦火、
鴻水、鴿木、鴰木、鵂金、鵀金、殦金、鵃金、鴑土、鴸金、鴴木、鴽火、

鴯土、麋水、麰水、麴金、黈火、黛火、黜金、黝土、點火、黚金、黻水、鼀土、皷土、鼾木、齋金、齔金、龠土。

（註：此十七劃數無「月」部首，滕火、膚水、膜水、膝金……「肉」部首。）

十八劃數：儲金、儱火、龐水、叢金、嚚土、嚕火、嚜水、嚛木、嚙火、嚘土、壙木、壘火、嬰水、嬸金、屩金、巀金、幮金、幭水、幰金、彍木、彝土、懟火、懣水、懦火、懕土、懨土、懥金、懞水、懜水、懙土、懠金、懧火、戴火、戳金、擯水、擠金、擡火、擢金、擣火、擬火、擤金、擦金、擰火、擱木、擩金、擭木、擫土、擧金、擨土、斷火、斸金、旛水、曙金、曚水、曛金、曜土、朦水、櫆木、檮火、檼土、檸木、櫃木、櫂金、檻金、檕土、櫅金、檫金、歟土、歸木、殯水、毉土、氄水、濛水、濟金、濠木、濡金、濤火、濩木、濫火、濬金、濯金、澀金、濰土、濱水、濞水、濘火、濮水、濕金、澗木、瀰水、燹金、燼金、燾火、燿土、燻金、爀木、爵金、獮金、獯金、獰火、獲木、獴水、璐火、璧水、環木、璩金、璨金、璪金、璢火、璦土、

璆金、璱金、璲金、甓水、甑火、甕土、癒土、癖水、癘火、癙金、癜火、
瘤火、癔土、癡金、[illegible]水、噭金、敼金、盬木、瞻金、瞼金、瞽木、瞿金、
[illegible]金、礎金、礐金、礅木、礓金、礌火、礒土、禮火、穠火、穡金、穢木、
穟金、竄金、竅金、簞火、簟火、簡金、簣木、簦火、簝火、簠水、簨金、
簪金、簧木、簜火、簿水、簰水、簫金、檗水、繒金、織金、繖金、繚火、
繕金、繞金、繐木、繙水、繑金、縈金、繘土、繣木、繢木、繡金、播水、
羴金、翹金、翻水、翺土、耮火、聶火、聵木、職金、膨水、膩火、膳金、
膰木、膵金、膮金、膴木、膦火、膫火、臘金、膝火、舊金、艟火、艞土、
蕃水、蔵金、蕈金、蕉金、蕊金、蕑金、蕓土、蕖金、蕘金、蕙木、蕝金、
蕞金、蕡水、蕢木、蕨金、蕩火、蕪土、蕭金、蔿土、蕎金、蕕土、蕧水、
蕣金、蕍土、蕁金、蕤金、蔬金、蕚土、虢金、蟳金、蟠水、蟣金、蟪木、
蟬金、蟲金、蟜金、蟒水、蟥木、蟩金、蟢金、蟯金、蟟火、蟖金、蟓金、
蟮金、蟛水、蟭金、蟦水、襇金、襌火、襏水、襋金、襆水、襓金、襍金、
覆水、覲金、覷金、觴金、謦金、謨水、謫金、謬水、謳土、謷土、謹金、

謣土、謻土、謾水、謰火、謼木、謱火、謬火、豐水、豵金、貙金、貘水、
賾金、贅金、蹕水、蹷金、蹠金、蹣水、蹤金、蹦水、蹧金、蹩水、蹚火、
蹡金、蹢金、蹔金、蹟金、蹝金、蹷金、軀金、轆火、轉金、轇金、轍金、
適金、遭金、遮金、遁火、遨土、遰金、遷金、鄘土、鄙水、鄟金、鄞土、
鄠木、鄢土、鄭水、鄜水、鄣金、鄛金、鄉金、醨火、醪火、醫土、醬金、
醥水、螯火、鎔金、鎖金、鎚金、鎧木、鎬木、鎮金、鎛水、鎘木、鎦火、
鎊水、鎰土、鎌火、鎢土、鎳火、鎵金、鎞水、鎲火、鎝火、鎣火、鎗金、
鎒火、鎋金、鎷水、鎡金、鎪金、闐火、闑火、闓木、闔木、闕金、闖金、
闒火、隔木、隕土、隗土、隘土、隲木、雙金、雛金、雜金、雞金、巂金、
雝土、雚木、霣土、霡水、霤火、鞦金、鞠金、鞬金、鞭水、鞥土、鞨木、
鞧金、鞣金、鞮火、韙土、韘金、顋金、題火、額土、顏土、顒土、顓金、
顎土、顑木、颺土、颸金、餪火、餬木、餮火、餱木、餲木、餳金、餵土、
餭木、餫木、馥水、騄火、騅金、騈水、騎金、騏金、騋火、騑水、騌金、
騐土、騊火、騍木、騉木、髀水、髁木、鬆金、鬈金、鬅水、鬇金、鬃金、

鬍火、闐金、魋火、魍土、魌金、魎火、魏土、鯀木、鯁木、鯉火、鯊金、鯃金、鯆水、鮿金、鮸水、鯈金、鵑金、鵒土、鵜火、鵝土、鵠木、鵓水、鵝土、鶩土、鷔木、麛金、黠金、黟土、黢金、鼃金、鼕火、鼖水、鼫金、鼬土、鼩金、鼥水、鼧火、鼪金、鼦火、齋金、齕木。

（註：朦水—「月」部首；膨水、膩火、膳金、膰木、膵金…—「肉」部首。）

十九劃數：儳金、儵金、儴金、勷金、厴土、嚥土、嚭水、嚮金、嚦火、嚫金、嚬水、嚯火、嚨火、壚火、壜火、壞水、壟火、壠火、壢火、壝土、夒火、嬿土、嬾火、孽火、寵金、寶水、竉火、廬火、懲金、懭木、懫金、懮土、擲金、擴木、擺水、擻金、擾金、攀水、擷金、攏火、攄金、攕火、擿金、攢金、攂火、擼火、旜金、旞金、曠木、曝水、櫓火、櫚火、櫜金、櫝火、櫞土、櫟火、櫋水、櫥金、櫍金、櫑火、歠金、殰火、氌火、瀎金、瀆火、瀉金、瀋金、瀑水、濼火、濾火、瀅土、瀍金、瀏火、瀁土、瀌水、濆土、爌木、爆水、爇金、爍金、爁火、爊土、燓金、牘火、獵火、犢火、犦水、犤水、

璽金、璿金、璸水、璹金、瓀金、瓆土、瓣水、豐土、疇金、疆金、癡金、
癗水、曚水、矊水、矉水、爝木、礞水、磕木、礙土、禱火、禰水、穩土、
穫木、穧金、穤火、穦火、簷土、簸水、簽金、簾火、簿水、簻木、簹火、
籀金、籙火、檗水、繩金、繪木、繫金、繭金、繮金、繯木、繳金、繹土、
繵金、繰金、繸金、罋土、羅火、羆水、羃水、羶金、羹木、羸火、翾金、
翽木、膽火、膾木、膿火、臀火、臂水、臃土、臆土、臉火、臊金、臌木、
膺土、臄金、臁火、騰金、豐金、艕火、艤土、蕾火、薄水、薇土、薈木、
薊金、薑金、薔金、薙火、薜水、薛金、薦金、薨木、薪金、蕷土、蕺金、
薵木、薌金、薏土、薆土、薖木、薤金、蕵金、薨木、蕹土、薝金、薁土、
薐火、蕻木、薢金、蔆金、蕗火、薋金、薠木、䫻火、蟶金、蟹金、蠏金、
蟾金、蠆金、蠅土、蠍金、蟻土、蠊火、蠋金、蟺金、蠉金、蟷火、襖土、
鬉水、襟金、襠火、襜金、襛火、襝火、襚金、襘木、覈木、覇水、覶火、
覵金、覷金、觶金、觵木、譁木、證金、譎金、譏金、譖金、識金、譚火、
譆金、譙金、譊火、譜水、譈火、譌土、譔金、豶水、豷土、贗土、贈金、

贊金、賛土、贉火、趫金、蹬火、蹲火、蹺金、蹶金、蹼水、蹻金、蹭金、
蹯水、蹴金、躂金、蹰金、蹱金、轎金、轔火、轐水、轏金、辭金、辴金、
遴火、遲金、遵金、選金、遺土、遹土、遼火、遶金、遻土、鄧火、鄭金、
鄰火、鄲火、鄯金、鄦金、鄬土、鄮水、鄫金、醭水、醮金、醯金、醰火、
醱水、鏃金、鏇金、鏖土、鏗木、鏘金、鏜火、鏞土、鏠金、鏡金、鏤火、
鏊土、鏐火、鏑火、鏢水、鏨金、鏈火、鏇金、鏺金、鏦金、鏌水、鏝水、
鏁金、鏚金、闞木、闟木、隣金、際金、障金、離火、難火、霧土、霪土、
霨土、霩木、靡水、鞲木、鞴水、鞶水、鞳火、鞵金、韜土、韞土、韛水、
韻土、顗土、願土、顡金、顛火、類火、顢金、顚金、颼金、颾火、飀土、
颿木、饁金、餽木、饁土、餿金、餺水、餶木、餾火、餹火、餻木、鶩土、
騙水、騣金、騤木、騕土、騠火、騞木、騜木、騢金、騧木、騑水、骼木、
鬋火、鬘金、鬍金、鬜木、鬐火、鯖金、鯤木、鯨金、鯫金、鯧金、鯢火、
鯡水、鯪火、鯚金、鯥火、鯗金、鯛火、鯔金、鯰火、鯕金、鯝木、鶄土、
鵬水、鵲金、鵭土、鵳金、鶇火、鶊木、鵬木、鵷土、鵰火、鶌木、鶋金、

鵲金、鵾金、鶄水、鶊金、鶤火、麒金、麓火、麗火、麕金、麴金、鵔金、
夒火、鴝木、斷土、龐水。

（註：此十九劃數無「月」部首；膾火、膾木、膿火、臀火……—「肉」部首。）

二十劃數：

勸金、匱金、譽木、嚴土、嚶土、彈火、嚷金、壤金、孀金、孃火、孅金、
孽火、寶水、巉金、巉金、廯金、儀金、懵水、懷木、懸金、懶火、攈金、
攉木、攏火、斆金、旟土、曦金、曨火、朧火、櫪火、𧲣金、櫬金、櫳火、
檗火、櫨火、櫧金、瀕水、瀛土、瀝火、瀣金、瀦金、瀨火、瀘火、瀚木、
瀧火、瀠土、瀡金、瀟金、爐火、爓土、爗土、燧金、爔金、犧金、犨金、
獺火、獻金、瓊金、瓅火、壘土、璨火、癥金、癢土、皪火、皫水、盭火、
矍金、礦木、礪火、礫火、礬水、礨火、礌火、礩金、礤金、穮水、穭火、
竇火、競金、籃火、篡木、籌金、籍金、籠火、糯火、糰火、繻金、繼金、
繾金、辮水、纂金、纏金、繽水、罌土、耀土、詡火、穫木、聹火、臏水、
臍金、臎金、臑金、臒木、臕金、艦金、艨水、蕣金、薰金、薹火、薺金、

藉金、藍火、藏金、藐水、薳土、薯金、薷金、蓁金、薸水、藊水、藎金、

藻金、蘱水、薵金、薱水、薿火、蠐金、蠓水、蠔木、蠖木、蠕金、蠙水、

蠂金、蠆金、蠘金、襦金、襤火、覺金、覷金、觷金、觸金、警金、譬水、

譯土、議土、譫金、譍土、譟金、謷金、譞金、贍金、贏土、躂火、躇金、

躁金、躉火、躅金、躄水、轘木、轖金、轚金、轗木、轕木、轒水、遽金、

避水、邀土、邁水、邂金、還木、邅金、鄮水、鄰土、鄶木、醴火、醲火、

醶土、醵金、醳土、釋金、鐃火、鐙火、鏷水、鐍金、鐐火、鐔火、鐗金、

鐠水、鐓火、鐏金、鏵木、鐝金、鏺水、鐊火、鐄金、鐎金、鐨水、鐒火、

鏽金、闞木、闡金、隫火、隣火、霰金、霤火、鞻火、鞺火、鞹木、韠水、

韡水、顛水、顱金、飄水、饅水、饉金、饈金、馨金、騫金、驚金、騰火、

騵土、騶金、騷金、騮火、騸金、髈水、髆水、鬒金、鬑火、鬐金、鯽金、

鯿水、鰓金、鰈火、鰍金、鰂金、鰉木、鰆金、鰏木、鶇金、鶖金、鶚土、

鶩土、鶡木、鶘木、鶗火、鶵土、鶤木、鶪金、鶮火、鹹金、麌金、麵水、

黥金、黨火、黦土、黧火、黤土、鼙水、齟金、齡火、齠火、齜金、齣金、

龔土。

（註：朧火——「月」部首；臏水、臍金、臎金、臑金……——「肉」部首。）

二十一數：亹土、儷火、儺火、劘水、嚼金、囁火、囂金、夔木、屬金、巋木、巍土、巇土、巉金、攖土、攘金、攙金、攔火、斕火、曩火、櫺火、櫻土、欄火、櫸金、欂水、櫼金、櫽土、殲金、瀰水、瀹土、瀼金、瀾火、瀺金、瀲火、灋水、瀸金、瀯土、爛火、獼水、瓏火、甗土、癧火、癩火、矐木、矓火、矑火、礉水、礰火、礱火、龝金、竈金、籓水、籔金、籒金、籐火、糲火、襰火、續金、纏金、纋土、纈金、纍火、纓水、纊木、罍火、羼金、耰土、臕水、臔木、臘火、艦金、藕土、藔火、藝土、藟火、藥土、藩水、藪金、藚金、藭金、藤火、藹金、藦水、藬金、藳木、藨水、蠖水、蠟火、蠡火、蠢金、蠣火、蠜水、蠘水、襪土、襮水、襬水、襭金、襯金、覽火、鶩土、譅金、譴金、護木、譸金、譽土、贓金、贔水、贐金、躊金、躍土、躔金、轟木、轝土、辯水、邇土、邈水、邃金、鄹金、醺金、醻金、鐲金、鐮火、鍺金、鐵火、鐶木、鐸火、鐺火、鐫金、鐿土、鐳火、鐻金、鐾水、闢水、闤木、闥火、隧金、隨金、險金、隩土、露火、霸水、霹水、靧木、鞿金、韇木、韡金、韠土、顥木、顧木、顦金、飆水、飝水、饋木、饌金、饐土、饑金、饒金、饎金、饊金、饍金、饃水、饙水、驁土、驂金、驄金、驅金、騾火、驀水、驃水、騻金、髏火、鬘水、魑金、魔水、鰥木、鰭金、鰜金、鰣金、鰩土、鰤金、鰯火、鶬金、鶯土、鶴木、鶻木、鷀金、鷁土、鷂土、鶹火、鶼金、鷇木、鶺金、鶲土、鷄金、鶱金、鷊火、鹺金、鹻金、麔金、黯土、黮火、鼙水、鼛木、鼞金、鼱金、齦土、齧火、齜金、齹金、齩土、龡金。

（註：此二十一數無「月」部首；臕水、臗木、臘火……－「肉」部首。）

二十二數：儻土、儼土、儽火、囔土、囊火、囉火、囅金、囋金、圝火、孌火、孋火、孿火、巒火、巑金、巔火、彎土、彲金、懿土、懼金、懾金、懽木、戵金、攛金、攜金、攝金、欆金、權金、欇金、欋金、歡木、氍金、灃水、灌木、

灊金、灘土、灖木、灄金、灅火、灈金、爝金、爟木、爞金、犩土、貛木、
瓖金、瓔土、瓤金、疊火、疉火、癬金、癭土、癮土、礴水、禳金、禴土、
穰金、竊金、籙火、籜火、籟火、籠火、籛金、籚火、䰃火、羅火、𣌭水、
纏金、纓金、纜火、纑火、鐔火、鑪火、羇金、䊲水、聽火、聾火、臚火、
臞木、臙土、艫火、藹土、藺火、藻金、藿木、蘄金、蘆火、蘇金、蘊土、
蘋水、蘀火、蘅木、蘑水、蘔火、藶火、蘂金、蠋金、孽火、蘐金、藼金、
蘢火、蠹火、蠦火、蠨金、襯金、襲金、襱火、覿火、餿金、𧭁金、讀火、
讁金、讅金、贖金、贗土、躑金、躐火、躓金、躕金、躒火、𨘢土、躧金、
轢火、邊水、邋火、酈木、鄺金、鄾土、鑑金、鑄金、鑊木、鑌水、鑒金、
霽金、霾水、韃火、韂金、韁金、響金、顫金、顧木、饔土、饗金、饕火、
饘金、驊木、驍金、驕金、驈十、驔火、驒火、驐火、驏金、驌金、髐火、
鬚金、鬪木、鬻土、魖金、鰳火、鰱火、鰻水、鰾水、鱄金、鰵水、鱈金、
鰷火、鰶金、鱅土、鰹金、鰲土、鼈水、鰼金、鷦金、鷗土、鷔金、鷟金、
鶩水、鷞金、鷚火、鼙金、黱火、鼶火、鼲木、鼴土、齬土、齪金、龕木、

龔木、龢木。

（註：此二十二劃數無「月」部首；臚火、臞木、臙土⋯「肉」部首。）

二十三數：蠡火、囍金、鬫火、囌金、巘土、巖土、彏金、戀火、戁火、攢金、攣火、攤火、攮金、攦火、攞火、曬金、欒火、欏火、欐火、馨金、灖水、玀火、瓘木、癰土、癯金、嚼金、穱金、籣火、籤金、籥土、籧金、纓土、纔金、纖金、纕金、羸火、蘗水、蘧金、蘭火、蘡土、蘩水、蘘金、蘮金、蘠金、蘥土、蘞火、蘖火、蘦火、蘜金、蠭水、蠱木、蠲金、蠮土、蠰金、襴火、襶火、覊金、變水、讋金、讆土、讎金、讐金、讌土、躘火、轣火、轤火、邋土、醼土、鑠金、鑣水、鑕金、鑢火、鑞火、鑛木、靨土、韅金、顯金、顬金、饜土、饛水、驗土、驚金、驛土、驖火、驘火、髑火、髒金、髓金、體火、鬟木、鱔金、鱓金、鱖金、鱗火、鱍水、鱘金、鱒金、鱏金、鱑木、鷥金、鷦金、鷸火、鷲金、鶮土、鷳金、鷮金、鷰土、鷫金、麟火、黐金、黴水、黲金、鼇金、齏金、齮土、齯火。

（註：此二十三劃數無「月」部首：贏火──「肉」部首。）

二十四數：囑金、囓火、囔火、壩水、屭金、戄金、戃火、攪金、攥金、攫金、攩火、爣火、獵金、玃金、獑金、玀火、瓚金、癱火、矗金、齗火、罐木、羈金、臟金、臞金、艭金、艷土、豐水、蘵金、蠶金、蠹火、蠵金、衢金、讒金、讓金、讕火、讖金、讔土、贛木、躉金、躞金、釀火、醽火、醿水、鑫金、鑪火、靂火、靄土、靃木、靈火、隸火、韆金、韇火、韈土、韤土、䩞水、驟金、髕水、鬢水、鬡火、鬭火、魘土、鱣金、鱧火、黨木、鱠木、鱤木、鷺火、鷹土、鷽金、鸇金、鸂金、鸃十、鷿水、鹼金、鼇火、齅金、齆土、齷土、齲土、齵金、齶土。

（註：此二十四劃數無「月」部首：臟金、臞金──「肉」部首。）

二十五數：廳火、戇金、攮金、斸金、攬火、欖火、欞水、虋土、欙火、欘金、灞水、灝木、灠火、爥金、瓛木、矙木、矚金、籩水、籬火、籮火、糴火、臠火、臢金、蘱火、蘺火、蘸金、蘡火、蘿火、蘼水、虀金、蠻水、襻水、覊金、觀木、觿金、讘金、讙木、貛木、躡火、躥金、釁金、釂金、鑰土、鑲金、鑱金、鑭火、鑗土、顱火、鑢水、髖木、鬣火、鱨金、鱮金、鱭金、鸑土、鸋火、鸐火、鸌水、鸏水、鹽土、鸒木、黵火、鼉火、鼟火、齇金、齻火、龣金。

（註：此二十五劃數無「月」部首；臠火、臢金——「肉」部首。）

二十六數：圞火、攮火、灣土、籯土、籰金、蠼金、讚金、趲金、躧金、躦金、釃金、醾水、鑷火、鑴金、韉金、饞金、饟金、驢火、驥金、鬮金、鱵金、黶土、龤金。

二十七數：灤火、犨金、糷火、纜火、虆火、虈金、讞土、讜火、豔土、躪火、躩金、轥火、釅土、鑼火、鑽金、鑾火、顴金、顳火、驤金、驦金、鱷土、鱸火、鸕火、黷火、齉土。

（註：此二十六劃數無「月」部首、無「肉」部首。）

二十八數：戇金、欞火、灨木、灩土、豔土、鑿金、钂火、钁金、驩木、鸚土、鸖金、齼金。

二十九數：爨金、讟火、驪火、鬱土、鸜金、鸛木。

三十劃數：𩞄火、𩿨水、鱺火、鸞火、鸝火。

三十一數：虋水。

三十二數：灩土、籲土。

三十三數：鱻金、麤金。

三十五數：齾土。

以上的「部首索引」、「百家姓筆劃數」及「名字的筆劃數與五行歸屬」等三部分，筆者幾乎將一整本字典內所記載的文字依照部首、筆劃順序等書寫上去，如此不僅提供了讀者對照每一單字的五行屬性之外，讀者也可以很方便的根據部首之分類而查出各個單字的筆劃數，以便做為取名字或了解自己個人、所屬公司行號名字屬性與筆劃的依據。

二十、公司及行號、營業場所筆劃數之算法

在我們的日常生活上，有關名字的取用，除了個人依姓而取名之外，會再使用到姓名學並且認為是非常重要的場合，大概就是自己獨資或合夥事業的成立時，要取用一個最適合這個營利事業所需用的公司、行號…等營業的名字。

由於在現今社會上所存在的營業型態可說是千種百樣，因此所衍生出公司、行號…等營業場所的名稱也是種類眾多。筆者就現今社會上較常見到的公司、行號…等營業場所之名稱、筆劃詳列於後，以做為讀者使用上的參考依據。

有	6
限	14
公	4
司	5
	29

實	15
業	13
有	6
限	14
公	4
司	5
	57

股	10
份	6
有	6
限	14
公	4
司	5
	45

貿	12
易	8
有	6
限	14
公	4
司	5
	49

小	3
吃	6
部	15
	24

化	4
學	16
工	3
業	13
○	
○	
分	4
公	4
司	5
	49

產	11
業	13
有	6
限	14
公	4
司	5
	53

興	16
業	13
股	10
份	6
有	6
限	14
公	4
司	5
	74

企	6
業	13
有	6
限	14
公	4
司	5
	48

國	11
際	19
實	14
業	13
股	10
份	6
有	6
限	14
公	4
司	5

102 － 80 ＝ 22

有	6
限	14
公	4
司	5
第	11
○	
營	17
業	13
處	11
	81

台	5
式	6
料	10
理	12
餐	16
廳	25
	74

泡	9
沫	9
紅	9
茶	12
店	8
	47

上	3
雞	18
城	9
美	9
食	9
餐	16
飲	13
館	17

94 － 80 ＝ 14

聯	17
合	6
開	12
發	12
有	6
限	14
公	4
司	5
	76

板	8
鴨	16
店	8
	32

冰	6
糖	16
醬	18
鴨	16
莊	10
	66

啥	11
鍋	17
美	9
食	9
舖	15
	61

牛	4
肉	6
麵	20
館	17
	47

排	12
骨	10
大	3
王	4
○	
○	
分	4
店	8
	41

香	9
串	7
烤	10
肉	6
用	5
品	9
企	6
業	13
社	8
	73

餛	17
飩	13
大	3
王	4
飲	13
食	9
行	6
	65

冰	6
品	9
熱	14
食	9
店	8
	46

食	9
品	9
製	14
造	14
有	6
限	14
公	4
司	5
	75

洋 10
煙 13
酒 11
進 15
口 3
批 8
發 12
商 11
社 8

91 － 80
＝ 11

冰 6
淇 12
淋 12
冷 7
凍 10
食 9
品 9
行 6

71

冰 6
品 9
企 6
業 13
社 8

42

迷 13
你 7
火 4
鍋 17
城 9

50

川 3
式 6
風 9
味 8
樓 15

41

咖 8
啡 11
豆 7
專 11
賣 15
店 8

60

庭 10
園 13
咖 8
啡 11
休 6
閒 12
廣 15
場 12

87 － 80
＝ 7

肉 6
脯 13
酥 12
商 11
號 13

55

涮 12
涮 12
鍋 17
堡 12

53

民 5
生 5
用 5
品 9
物 8
流 11
通 11
運 16
行 6

76

枝	8
仔	5
冰	3
城	9
	25

無	12
煙	13
燒	16
烤	10
美	9
食	9
城	15

84 － 80
＝ 4

超	12
級	10
市	5
場	12
	39

咖	8
啡	11
茶	12
語	14
館	17
	62

肉	6
品	9
供	8
應	14
處	11
	48

乾	11
貨	11
餡	17
料	10
銷	15
售	11
商	11
行	6

92 － 80
＝ 12

海	11
洋	10
生	5
態	14
博	12
物	8
館	17
	77

冰	6
果	8
美	9
食	9
中	4
心	4
	40

冷	7
凍	10
製	14
冰	6
廠	15
	52

筵	13
席	10
包	5
辦	16
實	15
業	13
行	6
	78

茶	12
藝	21
品	9
茗	15
軒	10
	57

飼	14
料	11
生	5
產	11
加	5
工	3
廠	15
	64

茶	12
葉	15
行	6
	33

琴	13
棋	12
書	10
畫	12
茗	11
茶	12
軒	10
	80

瓜	5
子	3
蔥	17
蒜	16
貿	12
易	8
行	6
	67

水	4
產	11
養	15
殖	12
改	7
良	7
場	12
	68

素	9
食	9
材	7
料	10
量	12
販	11
店	8
	66

海	11
鮮	17
食	9
品	9
製	14
造	14
批	8
發	12
廠	15

107 － 80 ＝ 27

遠	17
洋	10
漁	15
業	13
有	6
限	14
公	4
司	5

84 － 80 ＝ 4

食	9
用	5
油	9
脂	12
製	14
造	14
廠	15
	78

啤	11
酒	11
暢	14
飲	13
屋	9
	58

煙	13
酒	11
公	4
賣	15
局	7
	50

網	14
路	13
咖	8
啡	11
育	9
樂	15
生	5
活	10
館	17

102 － 80
＝ 22

南	9
北	5
貨	11
直	8
銷	15
門	8
市	5
部	15
	76

碾	15
米	6
廠	15
	36

日	4
式	6
便	9
當	13
專	11
賣	15
店	8
	66

清	12
粥	12
小	3
菜	14
館	17
	58

自	6
助	7
餐	16
店	8
	37

金	8
紙	10
香	9
料	10
批	8
售	11
商	11
場	12
	79

生	5
鮮	17
海	11
產	11
食	9
堂	11
	64

披	9	豆	7	高	10	礦	20	果	8
薩	20	漿	15	級	10	泉	9	菜	14
炸	9	油	9	茶	12	水	4	肉	6
雞	18	條	11	葉	15	工	3	品	9
連	14	早	6	茶	12	廠	15	市	5
鎖	15	餐	16	莊	13		51	場	12
店	8	店	8		72				56
93 — 80 = 13			72						

中	4	漢	15	飲	13	冷	7	日	4
西	6	堡	12	料	10	凍	10	式	6
式	6	速	14	企	6	肉	6	料	10
自	6	食	9	業	13	品	9	理	12
助	7	專	11	有	6	生	5	壽	14
餐	16	門	8	限	14	產	11	司	5
廳	25	店	8	公	4	有	6	屋	9
	70		77	司	5	限	14		60
					71	公	4		
						司	5		
							77		

物	8
產	11
企	6
業	13
社	8
	46

蒸	16
餾	19
水	4
加	5
工	3
廠	15
	62

餐	16
飲	13
冷	7
凍	9
設	11
備	12
製	14
造	14
廠	15

111 － 80
＝ 31

居	8
酒	11
雅	12
酌	10
坊	7
	48

日	4
式	6
鰻	22
魚	11
蓋	16
飯	13
亭	9
	81

服	8
務	14
百	6
貨	11
專	11
門	8
店	8
	66

鮮	17
奶	5
蛋	11
糕	16
供	8
應	17
中	4
心	4

82 － 80
＝ 2

囍	24
餅	15
蛋	11
糕	16
店	8
	74

農	13
牧	8
食	9
品	9
工	3
業	13
區	11
	66

糖	16
果	8
玩	9
具	8
生	5
產	11
批	8
發	12
行	6

83 － 80
＝ 3

罐	24
頭	15
食	9
品	9
製	14
造	14
有	6
限	14
公	4
司	5

114 － 80 ＝ 34

麵	20
包	5
糕	16
餅	15
餡	17
料	10
工	3
廠	15

101 － 80 ＝ 21

乳	8
品	9
生	5
產	11
事	8
業	13
工	3
廠	15

72

畜	10
牧	8
養	15
殖	12
農	13
場	12

70

水	4
果	8
店	8

20

精	14
緻	15
西	6
點	17
麵	20
包	5
屋	9

86 － 80 ＝ 6

百	6
貨	11
批	8
發	12
量	12
販	11
廣	15
場	12

87 － 80 ＝ 7

青	8
果	8
批	8
發	12
商	11
行	6

53

農	13
特	10
產	11
品	9
直	8
銷	15
中	4
心	4

74

○	
○	
百	6
貨	11
○	
○	
精	14
品	9
專	11
櫃	18

69

皮	5
飾	14
開	12
發	12
國	11
際	19
有	6
限	14
公	4
司	5
	102 － 80 = 22

食	9
用	5
油	9
麵	20
粉	10
商	11
社	8
	72

百	6
貨	11
股	10
份	6
有	6
限	14
公	4
司	5
	62

服	8
裝	13
企	6
業	13
社	8
	48

馬	10
口	3
鐵	21
罐	24
製	14
造	14
廠	15
	101 － 80 = 21

服	8
飾	14
精	14
品	9
設	11
計	9
工	3
作	7
室	9
	84 － 80 = 4

成	6
衣	6
紡	10
織	18
廠	15
	55

土	3
木	4
承	8
包	5
工	3
程	12
行	6
	41

洋	10
傘	12
製	14
造	14
批	8
發	12
商	11
場	12
	93 － 80 = 13

自	6
助	7
洗	10
衣	6
中	4
心	4
	37

兒	8
童	12
服	8
飾	14
親	16
子	3
城	9
	70

水	4
泥	9
製	14
品	9
加	5
工	3
廠	15
	59

機	16
器	16
工	3
程	12
有	6
限	14
公	4
司	5
	76

高	10
級	10
禮	18
服	8
租	10
售	11
店	8
	75

製	14
衣	6
興	16
業	13
股	10
份	6
有	6
限	14
公	4
司	5

94 － 80 ＝ 14

水	4
泥	9
公	4
司	5
○	
○	
港	12
發	12
貨	11
站	10
	67

營	17
建	9
土	3
木	4
包	5
工	3
業	13
	54

婚	11
紗	10
禮	18
服	8
攝	22
影	15
館	17

101 － 80 ＝ 21

自	6
動	11
化	4
機	16
械	11
乾	11
洗	10
商	11
號	13

93 － 80 ＝ 13

皮	5
格	10
鞋	15
料	10
工	3
業	13
社	8
	64

客 9
貨 11
電 13
梯 11
製 14
造 14
有 6
限 14
公 4
司 5

---

101 － 80
＝ 21

技 8
術 11
監 14
護 21
顧 21
問 11
有 6
限 14
公 4
司 5

---

115 － 80
＝ 35

冷 7
凍 10
空 8
調 15
機 16
電 13
工 3
業 13
社 8

---

93 － 80
＝ 13

水 4
塔 13
企 6
業 13
行 6

42

水 4
泥 9
公 4
司 5
○
○
配 10
銷 15
處 11

58

建 9
築 16
物 8
公 4
共 6
安 6
全 6
檢 17
查 9
所 8

---

89 － 80
＝ 9

非 8
破 10
壞 19
工 3
程 12
檢 17
驗 23
所 8

---

100 － 80
＝ 20

扶 8
手 4
地 6
板 8
實 15
業 13
社 8

62

水 4
電 13
工 3
程 12
行 6

38

衛 15
浴 11
器 16
材 7
生 5
活 10
館 17

81

土	3
木	4
建	9
材	7
裝	13
潢	16
行	6
	58

太	4
陽	14
能	12
熱	15
源	14
有	6
限	14
公	4
司	5

88 － 80 ＝ 8

儲	18
水	4
桶	11
股	10
份	6
有	6
限	14
公	4
司	5
	78

建	9
材	7
工	3
藝	23
有	6
限	14
公	4
司	5
	71

水	4
質	15
處	11
理	12
工	3
程	12
有	6
限	14
公	4
司	5

86 － 80 ＝ 6

混	12
凝	16
土	3
工	3
業	13
有	6
限	14
公	4
司	5
	76

石	5
材	7
興	16
業	13
有	6
限	14
公	4
司	5
	70

漆	11
料	10
油	9
漆	11
工	3
程	12
行	6
	62

電	13
機	16
器	16
械	11
工	3
業	13
廠	15

87 － 80 ＝ 7

建	9
築	16
物	8
管	14
理	12
維	14
護	21
中	4
心	4

102 － 80 ＝ 22

電	13
動	11
捲	12
門	8
企	6
業	13
行	6

69

汽	8
車	7
貨	11
運	16
有	6
限	14
公	4
司	5

71

橡	16
膠	17
工	3
業	13
股	10
份	6
有	6
限	14
公	4
司	5

94 － 80 ＝ 14

砂	9
石	5
場	12

26

土	3
木	4
建	9
築	16
公	4
司	5

41

汽	8
車	7
拆	9
解	13
回	6
收	6
廠	15

55

冷	7
氣	10
冷	7
凍	10
機	16
械	11
有	6
限	14
公	4
司	5

90 － 80 ＝ 10

防	12
熱	15
防	12
水	4
工	3
業	13
維	14
修	10
中	4
心	4

91 － 80 ＝ 11

建	9
設	11
開	12
發	12
股	10
份	6
有	6
限	14
公	4
司	5

89 － 80 ＝ 9

不	4
鏽	20
鋼	16
藝	23
術	11
門	8
窗	12
行	6

100 － 80 ＝ 20

金	8
屬	21
五	4
金	8
材	7
料	10
批	8
售	10
店	8

84 — 80
= 4

建	9
築	16
師	10
事	8
務	11
所	8

62

設	11
計	9
師	10
事	8
務	11
所	8

57

室	9
內	4
設	11
計	9
裝	13
潢	16
公	4
司	5

71

自	6
動	11
門	8
升	4
降	13
梯	14
工	3
業	13
行	6

78

汽	8
車	7
銷	15
售	11
股	10
份	6
有	6
限	14
公	4
司	5

86 — 80
= 6

汽	8
車	7
維	14
修	10
保	9
養	15
廠	15

74

車	7
體	23
打	6
造	13
股	10
份	6
有	6
限	14
公	4
司	5

94 — 80
= 14

機	16
械	11
起	10
重	9
吊	6
車	7
行	6

65

中	4
古	5
汽	8
車	7
商	11
行	6

41

屋	9
飾	14
花	8
園	13
景	12
觀	25
創	12
意	13
館	17

123 － 80 ＝ 43

防	12
盜	12
器	16
材	7
科	9
技	8
有	6
限	14
公	4
司	5

93 － 80 ＝ 13

計	9
程	12
車	7
運	16
輸	16
合	6
作	7
社	8

81

腳	15
踏	15
車	7
商	11
行	6

54

小	3
客	9
車	7
租	10
賃	13
企	6
業	13
行	6

67

鋁	15
門	8
窗	12
製	14
造	12
安	6
裝	13
行	6

86 － 80 ＝ 6

夾	7
板	8
實	15
業	13
工	3
程	12
行	6

64

計	9
程	12
車	7
交	6
通	14
行	6

54

國	11
際	19
快	8
捷	12
通	14
運	16
有	6
限	14
公	4
司	5

109 － 80 ＝ 29

生	5
活	10
空	8
間	12
規	11
劃	14
工	3
作	7
坊	7

77

汽	8
車	7
百	6
貨	11
材	7
料	10
行	6
	55

地	6
磅	15
處	11
	32

交	6
通	14
號	13
誌	14
器	16
材	7
工	3
程	12
行	6

94 － 80 ＝ 14

消	11
防	12
安	6
全	6
設	11
備	12
實	15
業	13
社	8

94 － 80 ＝ 14

營	17
造	12
廠	15
	44

保	9
全	6
股	10
份	6
有	6
限	14
公	4
司	5
	60

機	16
車	7
工	3
業	13
行	6
	45

輪	15
胎	11
企	6
業	13
行	6
	51

汽	8
車	7
音	9
響	22
電	13
機	16
裝	13
配	10
行	6

104 － 80 ＝ 24

汽	8
車	7
裝	13
潢	16
冷	7
氣	10
行	6
	67

停	11
車	7
場	12
設	11
備	12
控	12
制	8
工	3
業	13
行	6

95 — 80 = 15

停	11
車	7
場	12
收	6
費	12
管	14
理	12
中	4
心	4

82 — 80 = 2

巴	4
士	3
遊	16
覽	21
車	7
有	6
限	14
公	4
司	5

90 — 80 = 10

鐵	21
路	13
貨	11
物	8
裝	13
卸	8
承	8
攬	21
公	4
司	5

112 — 80 = 32

機	16
車	7
百	6
貨	11
材	7
料	10
行	6

63

船	11
舶	11
貨	11
物	8
裝	13
卸	8
承	8
攬	21
公	4
司	5

100 — 80 = 20

豪	14
華	14
郵	15
輪	15
股	10
份	6
有	6
限	14
公	4
司	5

103 — 80 = 23

海	11
事	8
打	6
撈	16
工	3
程	12
有	6
限	14
公	4
司	5

85 — 80 = 5

船	11
務	11
代	5
理	12
有	6
限	14
公	4
司	5

68

報	12
關	19
行	6

37

海	11
運	16
承	8
攬	25
運	16
輸	16
有	6
限	14
公	4
司	5

121 － 80 ＝ 41

倉	10
儲	18
流	11
通	14
設	11
備	12
有	6
限	14
公	4
司	5

105 － 80 ＝ 25

搬	14
家	14
托	7
運	16
中	4
心	4

59

高	10
速	14
鐵	21
路	13
工	3
程	12
局	7

80

堆	11
高	10
機	16
出	5
租	10
買	12
賣	15
企	6
業	13
社	6

104 － 80 ＝ 24

汽	8
車	7
客	9
運	16
股	10
份	6
有	6
限	14
公	4
司	5

85 － 80 ＝ 5

潛	16
水	4
工	3
程	12
實	15
業	13
行	6

69

加	5
油	9
站	10

24

貨	11
櫃	18
運	16
輸	16
實	15
業	13
有	6
限	14
公	4
司	5

119 － 80 ＝ 39

船	11
舶	11
機	16
械	11
製	14
造	14
廠	15

92 － 80 ＝ 12

氣 10
象 12
中 4
心 4
○
○
氣 10
象 12
台 5
———
57

航 10
空 8
人 2
員 10
發 12
展 10
協 8
會 14
———
74

航 10
空 8
客 9
運 16
股 10
份 6
有 6
限 14
公 4
司 5
———
88 － 80
＝ 8

港 13
灣 26
船 11
舶 11
工 3
程 12
行 6
———
82 － 80
＝ 2

道 16
路 13
安 6
全 6
器 16
材 7
興 16
業 13
社 8
———
101 － 80
＝ 21

市 5
立 5
社 8
會 14
教 14
育 15
館 15
———
76

勞 12
工 3
安 6
全 6
衛 15
生 5
管 14
理 12
學 16
會 14
———
103 － 80
＝ 23

留 10
學 16
服 8
務 11
諮 16
詢 13
中 4
心 4
———
82 － 80
＝ 2

縣 16
立 5
婦 11
女 3
協 8
會 14
———
57

市 5
立 5
文 4
化 4
中 4
心 4
———
26

外	5
語	12
短	12
期	12
補	13
習	11
班	11
	76

基	11
督	13
教	11
書	10
院	15
	60

縣	16
立	5
歷	16
史	5
博	12
物	8
館	17
	76

市	5
立	5
美	9
術	11
館	17
	47

國	11
父	4
紀	9
念	8
館	17
	49

舞	14
蹈	17
韻	19
律	9
研	11
究	7
班	11

88 — 80 = 8

打	6
擊	17
樂	15
教	11
學	16
中	4
心	4
	73

音	9
樂	15
才	3
藝	21
補	13
習	11
班	11

83 — 80 = 3

文	4
教	11
翻	12
譯	20
社	8
	55

私	7
立	5
○	
○	
幼	5
兒	8
才	3
藝	21
學	16
苑	11
	76

美 9
容 10
美 9
髮 15
職 18
業 13
補 13
習 11
班 11

109 － 80
＝ 29

珠 11
算 14
心 4
算 14
技 8
藝 21
研 11
習 11
班 11

105 － 80
＝ 25

升 4
學 16
文 4
理 12
補 13
習 11
班 11

71

健 11
身 7
美 9
容 10
綜 16
合 6
中 4
心 4

67

電 13
腦 15
教 11
育 9
事 8
業 13
補 13
習 11
班 11

104 － 80
＝ 24

太 4
極 13
拳 10
學 16
術 11
研 11
究 7
館 17

89 － 80
＝ 9

歌 14
劇 14
合 6
唱 12
團 14

60

瑜 14
珈 10
生 5
活 10
健 11
身 11
中 4
心 4

69

爵 18
士 3
芭 10
蕾 19
舞 14
蹈 17
團 14

95 － 80
＝ 15

插 13
花 10
花 10
藝 21
進 15
修 10
班 11

90 － 80
＝ 10

烹	11
飪	13
教	11
室	9
補	13
習	11
班	11

79

空	8
手	4
道	16
訓	10
練	15
中	4
心	4

61

三	3
溫	13
暖	13
養	15
生	5
休	6
閒	12
館	17

84 − 80 = 4

兒	8
童	12
安	6
親	16
才	3
藝	21
補	13
習	11
班	11

101 − 80 = 21

美	9
術	11
工	3
藝	21
設	11
計	9
研	11
習	11
中	4
心	4

94 − 80 = 14

私	7
立	5
○	
○	
幼	5
稚	13
園	13

43

私	7
立	5
○	
○	
嬰	17
幼	5
兒	8
托	7
兒	8
所	8

65

功	5
夫	4
武	8
術	11
道	16
館	17

61

醒	16
獅	14
表	9
演	15
團	14

68

汽	8
車	7
駕	15
駛	15
訓	10
練	15
班	11

81

國	11
立	3
○	
○	
大	3
學	16
	33

市	5
立	5
○	
○	
國	11
民	5
中	4
學	16
	46

市	5
立	5
○	
○	
高	10
級	10
中	4
學	16
	50

市	5
立	5
○	
○	
國	11
民	5
小	3
學	16
	45

市	5
立	5
○	
○	
高	10
級	10
女	3
子	3
中	4
學	16
	56

私	7
立	5
○	
○	
高	10
級	10
家	10
事	8
商	11
業	13
學	16
校	10

106 — 80 = 26

私	7
立	5
○	
○	
高	10
級	10
工	3
商	11
職	18
業	13
學	16
校	10

103 — 80 = 23

私	7
立	5
○	
○	
技	8
術	11
學	16
院	15
	62

私	7
立	5
○	
○	
外	5
語	14
學	16
院	15
	62

私	7
立	5
○	
○	
醫	18
學	16
大	3
學	16
	65

臺	14
灣	26
經	13
濟	18
金	8
融	16
研	11
究	7
所	8

121 － 80 ＝ 41

國	11
際	16
生	5
物	8
科	9
技	8
學	16
會	11

84 － 80 ＝ 4

學	16
術	11
基	11
金	8
會	13

59

水	4
產	11
科	9
技	8
研	11
發	12
中	4
心	4

63

私	7
立	5
○	
○	
商	11
業	13
專	11
科	9
學	16
校	10

82 － 80 ＝ 2

運	16
動	11
休	6
閒	12
用	5
品	9
社	8

67

藝	21
品	9
古	5
玩	9
骨	10
董	15
店	8

77

水	4
族	11
器	16
材	7
量	12
販	11
館	17

78

高	10
爾	14
夫	4
球	12
聯	17
誼	15
俱	10
樂	15
部	15

112 － 80 ＝ 32

藝	21
術	11
文	4
化	4
事	8
業	13
有	6
限	14
公	4
司	5

90 － 80 ＝ 10

海	11
水	4
浴	11
場	12
	38

魚	11
蝦	15
海	11
釣	11
場	12
	60

歡	22
樂	15
世	5
界	9
遊	16
藝	21
場	12

100 — 80
= 20

保	9
齡	20
球	12
館	17
	58

健	11
身	15
器	16
材	7
專	11
賣	15
店	8

83 — 80
= 3

室	9
內	4
溫	13
水	4
游	9
泳	7
池	
	59

育	9
樂	15
事	8
業	13
開	12
發	12
有	6
限	14
公	4
司	5

98 — 80
= 18

魚	11
獲	18
釣	11
具	8
材	7
料	10
行	6
	71

魚	11
網	14
繩	19
索	10
製	14
造	14
廠	15

97 — 80
= 17

遊	16
樂	15
設	11
施	9
系	7
統	12
製	14
造	14
廠	15

113 — 80
= 33

溫	13
泉	9
休	6
閒	10
渡	13
假	11
村	7
	69

樂	15
器	16
行	6
	37

露	21
營	17
登	12
山	3
體	23
育	9
用	5
品	9
社	8

107 － 80 ＝ 27

相	9
框	10
設	11
計	9
製	14
造	14
行	6
	73

愛	13
犬	4
寵	19
物	8
美	9
容	10
屋	9
	72

視	12
聽	22
伴	7
唱	11
歡	22
樂	15
城	9

98 － 80 ＝ 18

國	11
際	19
藝	21
術	11
畫	12
廊	13

87 － 80 ＝ 7

康	11
樂	15
隊	17
	43

布	5
偶	11
戲	17
劇	14
掌	12
中	4
閣	14
	77

國	11
際	19
大	3
飯	13
店	8
	54

高	10
級	10
彈	15
簧	18
床	7
製	14
造	14
廠	15

103 － 80
＝ 23

彩	11
券	8
行	6

25

大	3
酒	11
家	10

24

汽	8
車	7
旅	10
館	17

42

旅	10
行	6
社	8

24

廚	15
房	8
器	16
具	8
批	8
發	12
安	6
裝	13
行	6

92 － 80
＝ 12

瓦	5
斯	12
器	16
具	8
材	7
料	10
行	6

64

專	11
業	13
鎖	18
匙	11
刻	8
印	6
店	8

75

免	8
洗	10
餐	16
具	8
企	6
業	13
商	11
行	6

80

模	12
型	9
玩	9
具	8
城	9

47

大	3
理	12
石	5
雕	16
藝	21
工	3
坊	7
	67

手	4
工	3
藝	21
材	7
料	10
行	6
	51

珠	11
寶	20
鑑	22
定	8
顧	21
問	11
有	6
限	14
公	4
司	5

122 － 80 ＝ 42

藝	21
術	11
玻	10
璃	16
實	15
業	13
社	8

94 － 80 ＝ 14

清	12
潔	16
用	5
品	9
工	3
業	13
有	6
限	14
公	4
司	5

87 － 80 ＝ 7

佛	7
具	8
批	8
發	12
專	11
門	8
店	8
	62

珊	10
瑚	14
寶	20
石	5
鐘	20
錶	16
眼	11
鏡	19
行	6

121 － 80 ＝ 41

金	8
飾	14
珠	11
寶	20
銀	14
樓	15

82 － 80 ＝ 2

藝	21
術	11
燈	16
飾	14
精	14
品	9
商	11
城	9

105 － 80 ＝ 25

陶	16
瓷	11
藝	21
術	11
創	12
作	7
工	3
坊	7

88 － 80 ＝ 8

婦	11
幼	5
商	11
品	9
服	8
飾	14
生	4
活	10
館	17

89 — 80 = 9

沙	8
發	12
傢	12
俱	10
量	12
販	11
廣	15
場	12

92 — 80 = 12

檀	17
香	9
香	9
料	10
企	6
業	13
社	8

72

佛	7
像	14
雕	16
塑	13
藝	21
苑	11

82 — 80 = 2

佛	7
俱	10
雕	16
刻	8
專	11
業	13
店	8

73

精	14
品	8
百	6
貨	11
商	11
行	6

56

購	17
物	8
中	4
心	4

33

榻	14
榻	14
米	6
紙	10
門	8
疊	22
蓆	16
店	8

98 — 80 = 18

贈	19
品	9
工	3
藝	21
企	6
業	13
社	8

79

嬰	17
兒	8
用	5
品	9
專	11
賣	15
行	6

71

內	4
外	5
兒	8
科	9
醫	18
院	15
	59

中	4
醫	18
醫	18
院	15
	55

二	2
手	4
貨	11
買	12
賣	15
商	11
行	6
	61

便	9
利	7
商	11
店	8
	35

糖	16
果	8
玩	9
具	8
專	11
賣	15
店	8
	75

骨	10
料	9
醫	18
院	15
	52

耳	6
鼻	14
喉	12
科	9
診	12
所	8
	61

綜	14
合	6
醫	18
院	15
	53

醫	18
學	16
院	15
	49

婦	11
產	11
科	9
診	12
所	8
	51

中	4
藥	21
行	6

31

醫	18
事	8
檢	17
驗	23
所	8

74

愛	13
犬	4
寵	19
物	8
醫	18
院	15

77

牙	4
科	9
診	12
所	8

33

整	16
型	9
外	5
科	9
診	12
所	8

59

青	8
草	12
店	8

31

醫	15
療	17
儀	15
器	16
設	11
備	12
有	6
限	14
公	4
司	5

115 － 80 ＝ 35

藥	21
師	10
調	15
配	10
西	6
藥	21
局	7

90 － 80 ＝ 10

製	14
藥	21
廠	15

50

西	6
藥	21
行	6

33

寵 19
物 8
美 9
容 10
食 9
用 5
品 9
供 9
應 17
行 6

---

101 — 80
= 21

義 13
肢 10
復 12
健 12
器 16
材 7
企 6
業 13
社 8

---

97 — 80
= 17

老 6
人 2
健 11
康 11
護 21
理 12
安 6
養 15
中 4
心 4

---

92 — 80
= 12

中 4
途 14
收 6
容 10
之 3
家 10

47

國 11
術 11
接 12
骨 10
院 15

59

專 11
業 13
造 14
型 9
設 11
計 9
髮 15
廊 13

---

95 — 80
= 15

理 12
電 13
髮 15
美 9
容 10
材 7
料 10
行 6

---

82 — 80
= 2

髮 15
型 9
創 12
意 13
工 3
作 7
室 9

68

女 3
子 3
美 9
容 10
美 9
髮 15
院 15

64

坐 7
月 4
子 3
養 15
護 21
中 4
心 4

58

護 21
膚 17
美 9
容 10
養 15
身 7
坊 7

86 － 80
＝ 6

美 9
容 10
美 9
髮 15
造 14
型 9
流 11
行 6
館 17

100 － 80
＝ 20

香 9
水 4
化 4
妝 7
品 9
有 6
限 14
公 4
司 5

62

按 10
摩 15
理 12
容 10
中 4
心 4

55

瘦 15
身 7
美 9
容 10
中 4
心 4

49

噪 16
音 9
防 12
治 9
技 9
術 11
服 8
務 11
社 8

93 － 80
＝ 13

下 3
水 4
道 16
衛 14
生 15
工 3
程 12
行 6

73

化 4
工 3
儀 15
器 16
原 10
料 10
廠 15

73

化 4
學 16
香 9
料 10
製 14
造 14
工 3
廠 15

85 － 80
＝ 5

美 9
容 10
國 11
際 19
事 8
業 13
有 6
限 14
公 4
司 5

99 － 80
＝ 19

環	18
保	9
工	3
程	12
有	6
限	14
公	4
司	5
	71

農	13
藥	21
行	6
	40

害	10
蟲	18
驅	21
除	15
消	11
毒	8
有	6
限	14
公	4
司	5

112 — 80 = 32

公	4
害	10
處	11
理	12
環	18
保	9
實	15
業	13
社	8

100 — 80 = 20

環	18
境	14
清	12
潔	16
股	10
份	6
有	6
限	14
公	4
司	5

105 — 80 = 25

天	4
主	5
教	11
耶	12
穌	16
會	13
	61

〇	
〇	
禪	17
寺	6
	23

社	8
會	13
慈	13
善	12
福	14
利	7
基	11
金	8
會	13

99 — 80 = 19

環	18
保	9
機	16
械	11
器	16
材	8
製	14
造	14
廠	15

121 — 80 = 41

空	8
氣	10
污	7
染	9
防	12
治	9
設	11
備	12
公	4
司	5

87 — 80 = 7

聖 13
母 4
堂 11

28

北 5
極 13
殿 13

31

觀 25
音 9
佛 7
堂 11

52

耶 12
穌 16
會 13
〇
〇
文 4
教 11
院 12

68

媽 13
祖 10
宮 10

33

農 13
田 5
水 4
利 7
會 13
〇
〇
工 3
作 7
站 10

62

民 5
眾 11
服 8
務 11
社 8

43

宗 8
教 11
文 4
物 8
用 5
品 9
專 11
賣 15
店 8

79

關 19
帝 9
廟 15

43

〇
〇
精 14
舍 8

22

生 5
命 8
關 19
懷 20
協 8
會 13

73

宗 8
親 16
會 8

32

同 6
鄉 17
會 13

36

身 7
心 4
障 12
礙 19
人 2
協 8
會 13

13

工 3
商 11
業 13
同 6
業 13
公 4
會 13

63

圖 14
書 10
實 14
業 13
股 10
份 6
有 6
限 14
公 4
司 5

---

96 － 80
＝ 16

書 10
局 7

17

出 5
版 8
社 8

21

週 15
刊 5
雜 18
誌 14
社 8

60

育 9
幼 5
院 15

29

廣 15
播 16
節 13
目 5
製 14
作 7
社 8

78

新 13
聞 14
通 14
訊 10
社 8

59

影 15
視 12
傳 13
播 16
事 8
業 13
有 6
限 14
公 4
司 5

---

106 － 80
＝ 26

文 4
具 8
行 6

18

時 9
報 12
社 8

29

土 3
地 6
代 5
書 10
事 8
務 11
所 8

51

人 2
力 2
資 13
源 14
管 14
理 12
顧 21
問 11
公 4
司 5

---

98 － 80
＝ 18

土 3
地 6
投 8
資 13
顧 10
問 11
有 6
限 14
公 4
司 5

80

土 3
地 6
代 5
書 10
事 8
務 11
所 8

51

有 6
線 15
電 13
視 12
股 10
份 6
有 6
限 14
公 4
司 5

---

91 － 80
＝ 11

土	3
地	6
投	8
資	13
顧	10
問	11
有	6
限	14
公	4
司	5
	80

國	11
際	19
人	2
力	2
仲	6
介	4
有	6
限	14
公	4
司	5
	73

土	3
地	6
登	12
記	10
專	11
業	13
代	5
理	12
人	2
事	8
務	11
所	8

101 － 80 ＝ 21

不	4
動	11
產	11
鑑	22
定	8
中	4
心	4
	64

不	4
動	11
產	11
房	8
屋	9
仲	6
介	4
商	11
行	6
	70

土	3
木	4
工	3
程	12
技	8
師	10
事	8
務	11
所	8
	67

海	11
事	8
檢	17
定	8
事	8
務	11
所	8
	71

律	9
師	10
事	8
務	11
所	8
	46

機	16
械	11
技	8
師	10
事	8
務	11
所	8
	72

國	11
際	19
機	16
場	12
免	8
稅	12
煙	13
酒	11
供	8
應	17
處	11

138 － 80 ＝ 58

國	11
際	19
商	11
標	15
專	11
利	7
事	8
務	11
所	8

101 － 80 ＝ 21

產	11
物	8
保	9
險	21
股	10
份	6
有	6
限	14
公	4
司	5

94 － 80 ＝ 14

員	10
工	3
消	11
費	12
合	6
作	7
社	8

57

派	10
報	12
企	6
業	13
社	8

49

文	4
書	10
編	15
輯	16
電	13
腦	15
打	6
字	6
行	6

91 － 80 ＝ 11

智	12
慧	15
財	10
產	11
權	22
事	8
務	11
所	8

97 － 80 ＝ 17

會	13
計	9
師	10
事	8
務	11
所	8

59

保	9
險	21
經	13
紀	9
人	2

54

產	11
業	13
投	8
資	13
開	12
發	12
有	6
限	14
公	4
司	5

98 － 80 ＝ 18

期	12
貨	11
經	13
濟	18
股	10
份	6
有	6
限	14
公	4
司	5

99 － 80 ＝ 19

土	3
地	6
銀	14
行	6
	29

命	8
相	8
館	17
	33

地	6
理	12
學	16
擇	17
日	4
堂	11
	66

命	8
學	16
堪	12
輿	17
教	11
學	16
及	4
研	11
究	7
中	4
心	4

110 − 80 = 30

稅	12
務	11
會	13
計	9
計	9
帳	11
事	8
務	11
所	8

92 − 80 = 12

公	4
證	19
行	6
	29

合	6
作	7
金	8
庫	10
	31

信	9
託	10
商	11
業	13
銀	14
行	6
	63

○	
○	
銀	14
行	6
信	9
用	5
卡	5
發	12
卡	5
中	4
心	4
	64

信	9
託	10
投	8
資	13
顧	21
問	11
有	6
限	14
公	4
司	5

101 − 80 = 21

租	10
賃	13
實	14
業	13
股	10
份	6
有	6
限	14
公	4
司	5

95 — 80 = 15

人	2
壽	14
保	9
險	21
股	10
份	6
有	6
限	14
公	4
司	5

91 — 80 = 11

綜	14
合	6
證	19
券	8
股	10
份	6
有	6
限	14
公	4
司	5

92 — 80 = 12

國	11
際	19
商	11
務	11
徵	15
信	9
有	6
限	14
公	4
司	5

105 — 80 = 25

信	9
用	5
合	6
作	7
社	8

35

移	11
民	5
服	8
務	11
商	11
業	13
有	6
限	14
公	4
司	5

88 — 80 = 8

外	5
國	11
語	14
文	4
翻	18
譯	20
社	8

80

刻	8
印	6
社	8

22

當	13
舖	15

28

徵	15
信	9
社	8

32

胎	11
毛	4
毛	4
筆	12
莊	13
	44

彩	11
色	6
網	14
版	12
印	6
刷	8
企	6
業	13
行	6

85 － 80 ＝ 8

影	15
印	6
晒	10
圖	14
企	6
業	13
行	6
	70

旗	14
幟	15
印	6
染	9
廠	15
	59

公	4
寓	12
大	3
廈	13
管	14
理	12
委	12
員	10
會	11

91 － 80 ＝ 11

黑	12
板	8
教	11
育	8
用	5
品	9
商	11
業	13
社	8

85 － 80 ＝ 5

電	13
腦	15
繪	19
圖	14
工	3
作	7
室	9
	80

文	4
書	10
相	9
簿	19
裝	14
訂	9
所	8
	73

美	9
術	11
繪	19
畫	12
廣	15
告	7
材	7
料	10
社	8

98 － 80 ＝ 18

廣	15
告	7
設	11
計	9
企	6
業	13
社	8
	69

度	9
量	12
衡	16
器	16
工	3
廠	15
	71

辦	16
公	4
室	9
用	5
品	9
實	15
業	13
行	6
	77

鐵	21
櫃	18
鋼	16
製	14
傢	12
俱	10
行	6

97 － 80 ＝ 17

辦	16
公	4
家	10
具	8
股	10
份	6
有	6
限	14
公	4
司	5

83 － 80 ＝ 3

商	11
品	9
櫥	19
櫃	18
器	16
材	7
行	6

86 － 80 ＝ 6

快	8
速	14
沖	8
印	6
照	13
相	9
館	17
	75

彩	11
色	6
攝	22
影	15
沖	8
印	6
行	6
	74

電	13
子	3
磅	15
秤	10
地	6
磅	15
有	6
限	14
公	4
司	5

91 － 80 ＝ 11

金	8
庫	10
保	9
險	21
箱	15
製	14
造	14
工	3
廠	15

109 － 80 ＝ 29

商	11
業	13
事	8
務	11
機	16
器	16
有	6
限	14
公	4
司	5

94 － 80 ＝ 14

電	13
訊	10
網	14
路	13
科	9
技	8
有	6
限	14
公	4
司	5

96 － 80 ＝ 16

雷	13
射	10
音	9
響	22
器	16
材	7
工	3
程	12
行	6

98 － 80 ＝ 18

影	15
音	9
工	3
程	12
規	11
劃	14
有	6
限	14
公	4
司	5

93 － 80 ＝ 13

多	6
媒	12
體	23
視	12
聽	22
企	6
業	13
社	8

102 － 80 ＝ 22

有	6
聲	17
唱	11
片	4
出	5
版	8
社	8

59

電	13
線	15
電	13
纜	13
製	14
造	14
股	10
份	6
有	6
限	14
公	4
司	5

127 － 80 ＝ 47

電	13
子	3
半	5
導	16
體	23
工	3
業	13
有	6
限	14
公	4
司	5

105 － 80 ＝ 25

家	10
電	13
電	13
器	16
專	11
賣	15
店	8

86 － 80 ＝ 6

電	13
話	13
通	14
訊	10
企	6
業	13
社	8

77

通	14
信	9
器	14
材	7
工	3
程	12
行	6

65

電 13
腦 15
週 15
邊 22
耗 10
材 7
批 8
發 12
行 6

---

108 － 80
＝ 28

電 13
腦 15
器 16
材 7
百 6
貨 11
量 12
販 11
店 8

---

99 － 80
＝ 19

電 13
腦 15
資 13
訊 10
用 5
品 9
社 8

73

科 9
技 8
資 13
訊 10
有 6
限 14
公 4
司 5

69

積 16
體 23
電 13
路 13
製 14
造 14
有 6
限 14
公 4
司 5

---

122 － 80
＝ 42

縫 17
紉 9
機 16
器 16
股 10
份 6
有 6
限 14
公 4
司 5

---

103 － 80
＝ 23

縫 17
紉 9
針 10
車 7
專 11
業 13
店 8

75

蓄 16
電 13
池 7
工 3
業 13
廠 15

67

燈 16
具 8
照 13
明 8
配 10
件 6
量 12
販 10
廣 15
場 12

---

110 － 80
＝ 30

電 13
腦 15
條 11
碼 15
系 7
統 10
實 15
業 13
行 6

---

105 － 80
＝ 25

油 9
漆 15
漆 15
料 10
行 6

55

焊 11
切 4
器 16
具 10
工 3
業 13
社 8

65

純 10
水 4
淨 12
水 4
器 16
國 11
際 19
工 3
業 13
行 6

98 － 80
＝ 18

飲 13
水 4
機 16
興 16
業 13
有 6
限 14
公 4
司 5

91 － 80
＝ 11

馬 10
達 16
電 13
機 16
五 4
金 8
工 3
程 12
行 6

88 － 80
＝ 8

油 9
脂 12
礦 20
油 9
企 6
業 13
行 6

75

塗 13
料 10
造 14
漆 15
工 3
業 13
有 6
限 14
公 4
司 5

97 － 80
＝ 17

保 9
利 7
龍 16
泡 9
棉 12
實 15
業 13
行 6

87 － 80
＝ 7

油 9
漆 15
興 16
業 13
製 14
造 14
廠 15

96 － 80
＝ 16

塑 13
化 4
原 10
料 10
國 11
際 19
有 6
限 14
公 4
司 5

96 － 80
＝ 16

工 3
業 13
氣 10
體 23
實 15
業 13
有 6
限 14
公 4
司 5

106 — 80
= 26

化 4
學 16
原 10
料 10
工 3
業 13
有 6
限 14
公 4
司 5

95 — 80
= 15

橡 16
膠 17
實 15
業 13
有 6
限 14
公 4
司 5

90 — 80
= 10

石 5
油 9
製 14
品 9
股 10
份 6
有 6
限 14
公 4
司 5

82 — 80
= 2

塑 13
膠 17
企 6
業 13
社 8

57

飼 14
料 10
行 6

30

玻 10
璃 16
纖 23
維 14
製 14
造 14
有 6
限 14
公 4
司 5

120 — 80
= 40

強 11
化 4
玻 10
璃 16
股 10
份 6
有 6
限 14
公 4
司 5

86 — 80
= 6

玻 10
璃 16
行 6

32

橡 16
膠 17
化 4
學 16
加 5
工 3
廠 15

76

帆　6
布　5
裝　14
潢　16
工　3
程　12
行　6

62

綢　14
布　5
莊　13

32

養　15
蜂　13
場　12

40

農　13
產　11
飼　14
料　10
加　5
工　2
廠　15

70

農　13
機　16
器　16
材　7
加　5
工　3
商　11
業　13
行　6

90　－　80
＝　10

園　13
藝　21
景　12
觀　25
造　14
景　12
工　3
程　12
行　6

118　－　80
＝　38

鮮　17
花　10
禮　18
品　9
專　11
門　8
店　8

81

紙　10
器　16
店　8

34

造　14
紙　10
工　3
業　13
股　10
份　6
有　6
限　14
公　4
司　5

85　－　80
＝　5

鋸　16
木　3
廠　15

34

家 10
用 5
百 6
貨 11
五 4
金 8
量 12
販 11
場 12

79

軟 14
木 4
企 6
業 13
社 8

45

種 14
子 3
種 14
苗 11
圃 10

52

插 13
花 10
花 10
藝 21
工 3
作 7
坊 7

71

花 10
藝 21
設 11
計 9
生 5
活 10
館 17

83 － 80
＝ 3

模 15
具 8
工 3
業 13
行 6

45

真 10
空 8
成 6
型 9
包 5
裝 14
廠 15

67

裝 14
訂 9
包 5
裝 14
機 16
器 16
材 7
料 10
行 6

97 － 80
＝ 17

紙 10
罐 24
容 10
器 16
實 15
業 13
行 6

94 － 80
＝ 14

紙 10
盒 11
紙 10
箱 15
製 14
造 14
有 6
限 14
公 4
司 5

103 － 80
＝ 23

鋼	16
鐵	21
工	3
業	13
股	10
份	6
有	6
限	14
公	4
司	5

98 － 80 ＝ 18

不	4
鏽	20
鋼	16
電	13
解	12
研	11
磨	16
廠	15

107 － 80 ＝ 27

鋼	16
業	13
鐵	21
材	7
製	14
造	14
鐵	21
工	3
廠	15

124 － 80 ＝ 44

機	16
械	12
五	4
金	8
製	14
造	14
工	3
業	13
廠	15

99 － 80 ＝ 19

五	4
金	8
工	3
具	8
行	6

29

高	10
壓	17
伸	7
縮	17
軟	11
管	14
工	3
業	13
廠	15

107 － 80 ＝ 27

氣	10
動	11
研	11
磨	16
材	7
料	10
工	3
具	8
行	6

82 － 80 ＝ 2

鋁	15
品	9
工	3
業	13
股	10
份	6
有	6
限	14
公	4
司	5

85 － 80 ＝ 5

鋁	15
材	7
行	6

28

不	4
鏽	20
鋼	16
五	4
金	8
材	7
料	10
行	6

75

齒 15
輪 15
精 14
機 16
製 14
造 14
廠 15

103 — 80
= 23

金 8
屬 21
工 3
業 13
壓 17
鑄 20
廠 15

97 — 80
= 17

螺 17
絲 12
工 3
業 13
廠 15

60

油 9
封 9
實 15
業 13
社 8

54

油 9
壓 17
自 6
動 11
控 12
制 8
企 6
業 13
社 8

90 — 80
= 10

吊 6
車 7
挖 10
土 3
機 16
出 5
租 10
企 6
業 13
行 6

82 — 80
= 2

重 9
機 16
械 12
實 15
業 13
社 8

73

電 13
鍍 17
鐵 21
工 3
廠 15

69

銑 14
床 7
精 14
密 11
工 3
業 13
有 6
限 14
公 4
司 5

91 — 80
= 11

軸 12
承 8
展 10
業 13
股 10
份 6
有 6
限 14
公 4
司 5

88 — 80
= 8

保	9
溫	13
耐	9
火	4
工	3
程	12
行	6

56

鋞	16
鉛	13
行	6

35

自	6
動	11
化	4
倉	10
儲	18
設	11
備	12
廠	15

87 — 80 = 7

自	6
動	11
販	11
賣	15
機	16
製	14
造	14
廠	15

102 — 80 = 22

自	6
動	11
化	4
機	16
器	16
控	12
制	8
工	3
程	12
行	6

94 — 80 = 14

製	10
香	9
舖	15

34

金	8
香	9
舖	15

32

金	8
紙	10
行	6

24

刀	2
剪	11
五	4
金	8
材	7
料	10
專	11
門	8
店	8

69

鍋	17
爐	20
熱	15
能	12
股	10
份	6
有	6
限	14
公	4
司	5

109 — 80 = 29

葬 15
儀 15
社 8

38

殯 18
葬 15
管 14
理 12
所 8

67

教 11
會 13
墓 14
園 13
管 14
理 12
委 8
員 10
會 13

---

108 － 80
＝ 28

殯 18
儀 15
館 17

50

銀 14
紙 10
店 8

32

花 10
園 13
公 4
墓 14

41

葬 15
儀 15
用 5
品 9
壽 14
衣 6
店 8

42

墓 14
碑 13
石 5
材 7
店 8

47

棺 12
木 4
店 8

24

禮 18
儀 15
社 8

41

安 6
葬 15
禮 18
儀 15
有 6
限 14
公 4
司 5

83 — 80 = 3

生 5
前 9
契 9
約 9
股 10
份 6
有 6
限 14
公 4
司 5

77

右述公司、行號、營業場所的項目、種類，筆者參考電話簿所記載的內容列出五百四十六項，以便讀者使用參考的依據。

至於右述所列的公司、行號、營業場所之營業型態只是一個原則性的列舉，讀者可依照自己的實際營業項目的需要而為變更，例如所列舉的「琴棋書畫茗茶軒」，讀者也可以改為「琴棋書畫品茗館」；又例如所列舉的「文具行」，讀者也可以改為「文具用品專賣店」，或者改為「文具圖書股份有限公司」；又例如所列舉的「重機械實業社」，讀者也可以改為「重機械工程行」，或者改為「重機械有限公司」…等等，皆可。

就公司、行號、營業場所之命名所要注意的，乃是所選取名稱的筆劃數與營業型態的筆劃數，所加起來總筆劃數的靈動數要屬於吉利的含意即可。例如「琴棋書畫茗茶軒」的筆劃數為80劃，這時候讀者可參考筆劃八十一劃靈動數所記載的內容，選取一個吉利筆劃數的名稱，譬如營業名稱總筆劃數可選取16、17、18劃的筆劃數；又例如「文具行」的筆劃數為18劃，此時讀者的營業名稱可以選取總筆劃為5劃的名稱，如「一心文具行」、「九川文具行」…等。

除了靈動數之含意要吉利之外，另外還有一點要再注意的，就是所取名稱總筆劃數之金、木、水、火、土五行屬性，也是要為負責人本人八字命局所喜用的五行。由於筆劃數之五行乃是以尾數為根據，也就是說尾數為「1、2」數的話，則五行之屬性為「木」；尾數為「3、4」數的話，則五行之屬性為「火」；尾數為「5、6」數的話，則五行之屬性為「土」；尾數為「7、8」數的話，則五行之屬性為「金」；尾數為「9、0」數的話，則五行之屬性為「水」。

因此右例的「一心文具行」、「九川文具行」之總筆劃數為23劃，其筆劃數的尾數為「3」，故知五行之屬性為「火」，所以如果負責人八字命局的五行以「火」為喜用神的話，則可以此做為營業場所的名稱；此外總筆劃數除23劃之外，也可以33劃之數來取用營業場所的名稱；餘此類推。

還有，一個人八字命局就五行之喜用，會有一、二種，或二、三種，譬如一個人八字命局五行的喜用神為「土、金、水」，此時他（她）就可以總筆劃尾數為「5、6、7、8、9、0」的吉利靈動數做為選取營業場所名稱的基準。

例一：

◎男：民國48年農曆5月13日早子時生。八字命局五行以「水、木、濕土」為喜用神。

◎經營「投顧公司」之行業。

木　　　98：金

○○ 11、21

投	8
資	13
顧	21
問	11
股	10
份	6
有	6
限	14
公	4
司	5

109－80＝29 水

或

119－80＝39 水

泰力、建力、威力、力冠、政大、友力、全弘、世全、全台、益強、冠博、振洋、捷信、冠富、國展、凱南、泓景、哲晟、信淵、柏盛、振益、昱竣、韋智、啟航、泓舜、博泓、晨洋、南威、泓智、偉洲、富柏、凱昱、億利、全吉泰、金百利、冠百利、好泰多、吉信安。

投資顧問股份有限公司

例二：

◎女：民國50年農曆3月18日申時生。八字命局五行以「木、火、土」為喜用神。

◎經營「工程承包商」之行業。

○○ } 21 木

工 3
程 12
有 6
限 14
公 4
司 5 } 44：火

65：燥土

國益、國洲、高彬、高斌、高祥、高偉、詠泰、全慶、
詠信、南傑、喬城、國晉、國洋、信雄、冠雄、全億、
博泰、竣威、凱信、建泰、義欣、泓傑、建發、安興、
富信、富俊、順泰、明暐、明揚、燊坤、坤詮、吉興、
新昌、新楠、東詮、東義、東煌、東聖、政新、世達、
政義、華志、華宏、宏華、宏誠、佑誠、東暉、正龍、
利通、勝利、利勝、嘉邑、嘉良、伸僑、白漢、永錡、
如慶、德州、德安、漢光、漢全、正樺、吉輝、永達、

工程有限公司

例三：

◎男：民國89年農曆11日24日酉時生。八字命局五行以「木、火、燥土」為喜用神。

◎初生嬰兒之命名。家長姓「丁」。

1、	2	10	12	12：木	22：木
	丁	○	○		
2、	2	11	11	13：火	22：木

24：火

3、	2	9	12	11：木	21：木
	丁	○	○		
4、	2	10	11	12：木	21：木

23：火

1、育傑、家翔、晉凱、修詠、哲舜、育竣、修博。

2、偉彬、脩翊、國晟、國章、翊崧、浚斌、培崙。

丁 3、俊詠、冠傑、彥凱、昱翔、建森、全富、奕博、泰翔、柏竣、柏智、炳舜。

4、家彬、家斌、晉偉、哲筌、修崙、書偉、修翊、耿脩、育祥。

例四：

◎女：民國91年農曆1月26日午時生。八字命局五行以「濕土、金」為喜用神。

◎初生嬰兒之命名。家長姓「鄭」。

	1、		2、	
28：金	19	鄭	19	27：金
16：濕土	9	○	8	16：濕土
	7	○	8	

35：濕土

	3、		4、	
26：濕土	19	鄭	19	25：濕土
18：金	7	○	6	18：金
	11	○	12	

37：金

5、

鄭 19

○ 16

○ 12

47：金

35：濕土

28：金

鄭

1、怡君、怡汝、玟伶。

2、佩欣、佳欣、佳旻、佳亞、宛青、佩青、佳宛、佳弦、采妮、亞欣。

3、邑翎、邑雩、君梅、妤婕。

4、安茹、聿祺、聿惠、如婷、卉茹、羽絜、如惠。

5、霈茹、霈棋、蓓茹、曉婷。

註：由於可以使用在女孩子名稱上的字體不多，因此所能夠命名的組別數就無法像男孩般的多。

二十一、姓名登記的法源依據

我國有關姓名的登記乃是歸類於「行政法規」的內政條文，所管轄的機關為「內政部」，至於有關姓名登記的法律條文則可分為「姓名條例」、「姓名條例施行細則」、「台灣原住民族回復傳統姓名及更正姓名作業要點」等三種。法律條文如後述：

姓名條例

中華民國四十二年三月七日總統令公布施行

中華民國五十四年十二月一日總統令修正第六條條文

中華民國七十二年十一月十八日總統令修正第六條條文

中華民國八十四年一月二十日總統令修正第一條條文

中華民國九十年六月二十日總統令華總一義字第九〇〇〇一一八九五〇號修正公布

第一條（本名唯一主義。原住民、外國人或無國籍人姓名之登記）

中華民國國民之本名，以一個為限，並以戶籍登記之姓名為本名臺灣原住民之姓名登記，依其文化慣俗為之；其已依漢人姓名登記者，得申請回復其傳統姓名；回復傳統姓名者，得申請回復原有漢人姓名。但以一次為限。

有戶籍國民與外國人、無國籍人結婚，於辦理登記時，其配偶之中文姓氏，應符合我國國民使用姓名之習慣。

無戶籍國民與外國人、無國籍人結婚，其在臺灣地區出生子女之中文姓氏，或外國人、無國籍人申請歸化我國國籍者，其中文姓氏，準用前項之規定。

第二條（姓名登記之限制）

戶籍登記之姓名，應使用教育部編訂之國語辭典或辭源、辭海、康熙等通用字典中所列有之文字。但原住民之傳統姓名得以羅馬拼音並列登記，不受前條第一項之限制。

姓名文字未使用前項通用字典所列有之文字者，不予登記。

第三條（應用本名事項一）

國民依法令之行為，有使用姓名之必要者，均應使用本名。

第四條（應用本名事項二）

學歷、資歷、執照及其他證件應使用本名；未使用本名者，無效。

第五條（應用本名事項三）

財產之取得、設定、喪失、變更、存儲或其他登記時，應用本名，其未使用本名者，不予受理。

第六條（改姓）

有下列情事之一者，得申請改姓：

一、被認領者。

二、被收養或終止收養者。

三、其他依法改姓者。

夫妻之一方得申請以其本姓冠以配偶之姓或回復其本姓；其回復本姓

者，於同一婚姻關係存續中，以一次為限。

第七條（改名）

有下列情事之一者，得申請改名：

一、同時在一機關、機構、團體或學校服務或肄業，姓名完全相同者。

二、與三親等以內直系尊親屬名字完全相同者。

三、同時在一直轄市、縣（市）居住六個月以上，姓名完全相同者。

四、銓敘時發現姓名完全相同，經銓敘機關通知者。

五、與經通緝有案之人犯姓名完全相同者。

六、命名文字字義粗俗不雅或有特殊原因者。

依前項第六款申請改名者，以二次為限。但未成年人第二次改名，應於成年後始得為之。

第八條（更改姓名）

有下列情事之一者，得申請更改姓名：

一、名譯音過長或不正確者。

二、出世為僧尼者或僧尼而還俗者。

三、因執行公務之必要，應更改姓名者。

第九條（本名之更正）

在本條例施行前，有第四條、第五條所定未使用本名情事者，應於本條例施行後，向原權責機關（構）、學校、團體申請更正為本名；有第四條所定未使用本名情事者，得以學歷、資歷、執照、其他證件或其他足資證明文件之名字為準，向戶政事務所申請更正本名。

前項之申請，以一次為限。

第十條（申請人）

依前四條規定申請改姓、冠姓、回復本姓、改名、更改姓名或更正本名者，以當事人或法定代理人為申請人。

第十一條（生效日期）

依本條例申請改姓、冠姓、回復本姓、改名、更改姓名或更正本名者，除法律另有規定外，自戶籍登記之日起，發生效力。

第十二條（更改姓名之限制）

有下列情事之一者，不得申請更改姓名：

一、通緝或羈押者。

二、受宣告強制工作之判決確定或交付感訓處分之裁定確定者。

三、有期徒刑以上刑之判決確定而未經宣告緩刑或未執行易科罰金者。

但過失犯罪者，不在此限。

第十三條（施行細則之訂定）

本條例施行細則，由內政部定之。

第十四條（施行日期）

本條例施行日期，由行政院定之。

姓名條例施行細則

中華民國四十二年六月二十日內政部臺內戶字第三二四九二號令公布同日施行
中華民國四十四年六月二十八日內政部臺內戶字第七一七四八號令修正發布
中華民國四十七年五月十日內政部臺內戶字第八三七八號令修正發布
中華民國五十年十月十九日內政部臺內戶字第六七六九三號令修正發布
中華民國七十四年三月十一日內政部臺內戶字第二九八一四六號令修正發布
中華民國八十一年二月十二日內政部臺內戶字第八一七四五三五號令
修正發布
中華民國八十六年二月五日內政部臺內戶字第八六七入二七四號令修正發布
中華民國八十九年十月十八日內政部臺內戶字第八九六五八六三號令修正發布
中華民國九十年十月十一日內政部台（九十）內戶字第九〇八八三八號令
修正發布

第一條　本細則依姓名條例（以下簡稱本條例）第十三條規定訂定之。

第二條　國內有戶籍國民本名之證明為國民身分證，未滿十四歲者，得用戶口名簿或戶籍謄本代替之。

申請歸化、回復國籍者，於設戶籍前，本名之證明為歸化、回復國籍許可證書。

僑居國外國民在國內未設戶籍者，得以下列文件為本名之證明：

一、護照。

二、華僑登記證。

三、國籍證明書。

四、載有中文姓名，且經我國駐外使領館、代表處、辦事處或其他外交部授權機構（以下簡稱駐外館處）審查屬實之下列證明文件：

（一）我國政府核發之身分證明或其他證明文件。

（二）經政府機關立（備）案之華僑（文）學校製發之證書。

（三）經主管機關登記有案之僑團、僑社核發之證明書。

（四）其他經駐外館處審查屬實之文件。

第三條　國民於初次設定戶籍時，應確定其本名依法登記。

臺灣原住民之姓名，以漢人姓名或傳統姓名登記。但依本條例第二條第一項但書規定，其傳統姓名得以羅馬拼音並列登記，不受本條例第一條第一項規定之限制。

外國人、無國籍人與有戶籍國民結婚，於辦理結婚登記時，應以書面確定其中文姓氏；其子女之中文姓氏，依相關法律規定辦理。

外國人、無國籍人申請歸化我國國籍者，於申請歸化時，應確定其中文姓氏。回復國籍者，其中文姓名，以喪失國籍時之姓名為準。

第四條　依本條例規定申請改姓、冠姓、回復本姓、改名、更改姓名、回復傳統姓名、回復原有漢人姓名、傳統姓名羅馬拼音並列登記者，應填具申請書，檢附證明文件（回復傳統姓名者免附），向戶籍地戶政事務所申請核定。

原住民傳統姓名之羅馬拼音，以當事人申報者為準。羅馬拼音之符號系統，由行政院原住民委員會提供。

僑居國外國民辦理第一項之申請，依下列規定為之：

一、國內設有戶籍者，由駐外館處核轉其戶籍地戶政事務所核定。

二、在國內未設戶籍者，由駐外館處核定。

第五條

前條第一項所稱之證明文件如下：

一、依本條例第七條第一項第一款規定申請者，為機關、構、團體、學校之證明文件。

二、依本條例第七條第一項第二款規定申請者，為同名直系尊親屬國民身分證、戶口名簿、戶籍謄本或其他身分證明文件。

三、本條例第七條第一項第三款規定申請者，為同姓名者之戶籍謄本。

四、條例第七條第一項第四款規定申請者，為銓敘機關通知書。

五、本條例第七條第一項第五款規定申請者，為載有通緝書之公文或公報。

六、依本條例第七條第一項第六款規定申請者，為初次設戶籍謄本。但第二次改名者，應併提第一次改名之戶籍謄本。

七、依本條例第八條第一款規定申請者，為載有原姓名之證件。

八、依本條例第八條第二款規定申請者，為出世或還俗之證明。

九、依本條例第八條第三款規定申請者，為服務機關證明書。

十、其他依法改姓之證明文件。

第六條　依第四條規定申請之各類案件，經核准後，其有證件者，得向原發證機關或其主管機關為變更姓名之登記及改註證件。

第七條

第八條　依本條例第九條第一項規定申請更正學歷、資歷、執照、財產及其他證件上之姓名者，應填具申請書，敘明證件上姓名與本姓名不符原因，並檢附戶籍謄本或足資證明二名同屬一人之文件及應更正姓名之學歷、資歷、執照、財產及其他證件，分別申請原發證機關或其主管機關改註或換發。

第九條　依本條例第九條第一項規定申請更正本名者，應填具申請書，檢附有關戶籍謄本及本條例施行前之學歷、資歷、執照、其他證件或其他足資證明文件，向戶籍地戶政事務所申請更正。

第十條　申請改姓、冠姓、回復本姓、改名、更改姓名、更正本名、回復傳統姓名、回復原有漢人姓名、傳統姓名羅馬拼音並列登記經核准者，戶政事務所應於登記後，於相關機關依規定申請查詢時，提供資料。

本細則所定各類申請事項，不符規定者，核定機關應以書面駁回。

第十一條　戶政事務所受理十四歲以上國民申請改姓、改名或更改姓名者，應向相關機關查詢有無本條例第十二條所列各款情事。

第十二條　本細則自本條例施行之日施行。

台灣原住民族回復傳統姓名及更正姓名作業要點

中華民國八十四年二月十七日台（84）內戶字第八四七三六三八號函訂定
中華民國八十七年四月一日台（87）內戶字第八七七七０一一號函修正
中華民國八十九年五月九日台（89）內戶字第八九六０七七五號函修正

一、為辦理台灣原住民族（以下簡稱原住民族）回復傳統姓名、更正姓名及父母姓名，特訂定本要點。

二、申請回復傳統姓名，應填具回復傳統姓名申請書，向戶籍地戶政事務所為之，由戶政事務所核定。

三、回復傳統姓名者，其配偶及子女之戶籍相關資料，應隨同變更；如不在同一戶籍管轄區域者，應提憑回復傳統姓名後之戶籍謄本，向其配偶及子女之戶籍所在地戶政事務所申請變更。

四、已回復傳統姓名者，其子女之出生登記如以漢人姓氏命姓名時，應依民法相關規定辦理。從生父姓之子女之戶籍登記資料記事欄，應註記生父之原有漢人姓名；從生母姓之子女之戶籍登記資料記事欄，應註記生母之原有漢人姓名。

五、回復之傳統姓名確有錯誤者，得申請更正。

六、已回復傳統姓名者，得申請回復原有漢人姓名，以一次為限。

七、回復傳統姓名者，其戶籍登記資料記事欄應註記「原姓名○○○民國×年×月×日回復傳統姓名」；如回復原有漢人姓名者，其戶籍登記資料記事欄應註記「原傳統姓名○○○民國×年×月×日回復原有漢人姓名」，並均隨戶籍轉載於個人記事欄。

八、未申請回復傳統姓名之原住民，在台灣省光復初次設戶籍時，自定之姓氏及父母姓名有左列情事之一者，應申請更正：

（一）父母或同胞兄弟姐妹，或有血親關係之伯叔，因分居各自定姓氏，至現用姓氏不同者。（兄弟姐妹姓氏，以生父之姓氏為準，如生父已死亡，未經更改為漢人姓氏者，以兄弟姐妹中年齡較長者為準，如年齡較長之兄弟姐妹因身分變更而改為他姓者，以較次長者為準；堂兄弟姐妹姓氏，以祖父之姓氏為準，如祖父已死亡者，以伯父中年齡較長者之姓氏為準，如無伯父者，以叔父中年齡較長者為準。）

（二）本人或其父母之姓氏，非我國所習見者。

（三）同胞兄弟姐妹因分居，致民國四十三年譯註之中文父母姓名不相符者。（兄弟姐妹以年齡較長者所譯註之父母姓名為準。）

（四）民國四十三年譯註之父母姓名，與實際上仍生存或已死亡父母姓名不符者。依前項各款規定申請更正姓氏或父母姓名者，以一次為限。

九、依第八點規定申請更正者，應提出左列證明文件，向本人之現戶籍地戶政事務所申請，由戶政事務所核定。

（一）依第八點第一項第（一）（二）款規定申請更正姓氏者，應提出日據時期戶籍謄本及光復初次設戶籍自定姓名時之戶籍謄本或其他足資證明之文件各一份。但如無法提出憑據時期戶籍謄本者，得以有關年長親族二人以上證明為之。

（二）依第八點第一項第（三）、（四）款規定申請更正父母姓名者，應提出左列證明文件：

1、據時期戶籍謄本及譯註姓名時之戶籍謄本或其他足資證明之文件各一份。但如無法提憑日據時期戶籍謄本者，得以有關年長親族二人以上證明為之。

2、父母之現在戶籍謄本一份。

十、依第八點規定申請更正姓氏經核准者，從其姓之子女如未回復傳統姓名，應隨同更正姓氏。

十一、直轄市、縣（市）政府應以鄉、鎮、市、區別，每三個月將戶政事務所辦理回復傳統姓名及回復原有漢人姓名之人數統計表，層報內政部備查。

附件一　台灣原住民族回復傳統姓名申請書

台灣原住民族回復傳統姓名申請書　申請人：　　　簽章

現用姓名			
擬回復之傳統姓名			
同戶內回復傳統姓名之未成年子女	現用姓名	擬回復之傳統姓名	出生年月日
戶籍地址			

中華民國　　年　　月　　日

附件二　核准原住民族回復傳統姓名人數統計表（1）

○○縣（市）　年　月至　月核准原住民族回復傳統姓名人數統計表

鄉鎮市區別	核准人數	備註

附件三　核准原住民族回復傳統姓名人數統計表（2）

○○縣（市）　年　月至　月核准原住民族回復傳統姓名人數統計表

鄉鎮市區別	核准人數	備註

後記

當讀者您讀完本書及市面上其它有關「姓名學」的書本後，您一定會發現「姓名學」竟然是這麼的簡單、這麼的容易就可以學得起來，不用花費多久的時間與腦力就可將「姓名學」學起來。

因此，讀者若要替自己或家人、公司選取名字的話，只要先了解自己或家人八字命理的喜用神是金、木、水、火、土中的那些五行，然後再選取人格、地格、總格之筆劃數的五行符合命局之喜用神，以及總格之筆劃數為吉利之靈動數即可，至於「姓名學」中的其它論述就可以不用再去理會；因為若是要再考慮到「姓名學」中所有論述的話，那是永遠都無法選取到所謂吉利、好聽又文雅的名字。

最後筆者也願各位讀者在需要的時候，能依自己八字命局之喜用神而選取到自己滿意的名字。

寫於筆者高雄工作室

國家圖書館出版品預行編目資料

姓名學入門 / 林煒能著.
－－第一版－－臺北市：知青頻道出版；
紅螞蟻圖書發行，2012.2
面　；　公分－－(Easy Quick；117)
ISBN 978-986-6030-19-2（平裝）

1.姓名學

293.3　　　　101000600

Easy Quick 117

姓名學入門

作　　者／林煒能
校　　對／楊安妮、周英嬌、林煒能
發 行 人／賴秀珍
總 編 輯／何南輝
出　　版／知青頻道出版有限公司
發　　行／紅螞蟻圖書有限公司
地　　址／台北市內湖區舊宗路二段121巷19號（紅螞蟻資訊大樓）
網　　站／www.e-redant.com
郵撥帳號／1604621-1　紅螞蟻圖書有限公司
電　　話／(02)2795-3656（代表號）
傳　　真／(02)2795-4100
登 記 證／局版北市業字第796號
法律顧問／許晏賓律師
印 刷 廠／卡樂彩色製版印刷有限公司
出版日期／2012年 2 月　第一版第一刷
　　　　　2024年 5 月　　　　第四刷

定價 300 元　港幣 100 元

ISBN　978-986-6030-19-2　　Printed in Taiwan